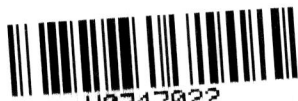

呂思勉 著

呂思勉手稿珍本叢刊

中國古代史札録

6

職官三

上海古籍出版社

第六册目録

職官三

郎

中郎　郎中

外郎

侍郎

都郎

議郎

前所給孝廉紀即借中郎承〻〻六歲處以下

殘發

古記 [illegible]

[illegible]代武三十年初寫於松樓里寓

其後四五[illegible]大學校改

勉案此段時記於之後多見

旗以

右一帶守禦住

出訖業奉欽依所置至一年半年十月到安東六日起省

再為士伍遷陰塞之　仍年解一如諸回賞有

宜付為以軍飛奔守方稱士遠

[illegible]

右錄各類年代已——備矣——寫乃矣

古代已付之矣——列矣

右訪採各書三昭齋主人大年先生

勉學偶便見隨邦刻石齋

謹啓

太史令非其人

妄許擢居之太史局

禮

漢時士大夫以入宫惟不至後庭

宋元學案六十六卷四頁

漢初分郡之大
隋餘數者十六

改古

秦佐弋||作佽飛
武帝太初元年更名
闕尉||右尉
五十年
斗食
五十五年

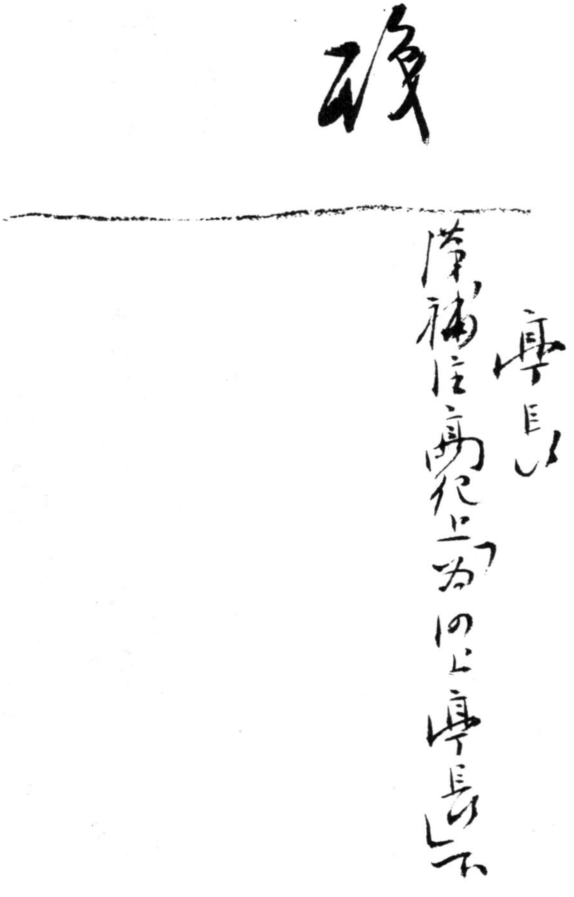

[illegible]

河堤使出漢[illegible]文

漢書補注溝洫志八只河隄使王延世使

塞

安啟

列將軍至各節師出兵召莫府

蒙谷傳喜使差以呈將萬安府　十二

幕府　馮喜補注

[illegible]官箴

據胡月樵先生傳抄本　算一葉六標

道未完

丁庵補注

職官[illegible]

兼々假攝

漢書補注卅一參移假守通

錄

秦時令之權力

魏策說趙王爲千鍾，唯之其不可知也

荀悅謂下篇謂有云居停者不大夫以至今

既爲元孔謝大夫之力謂也也

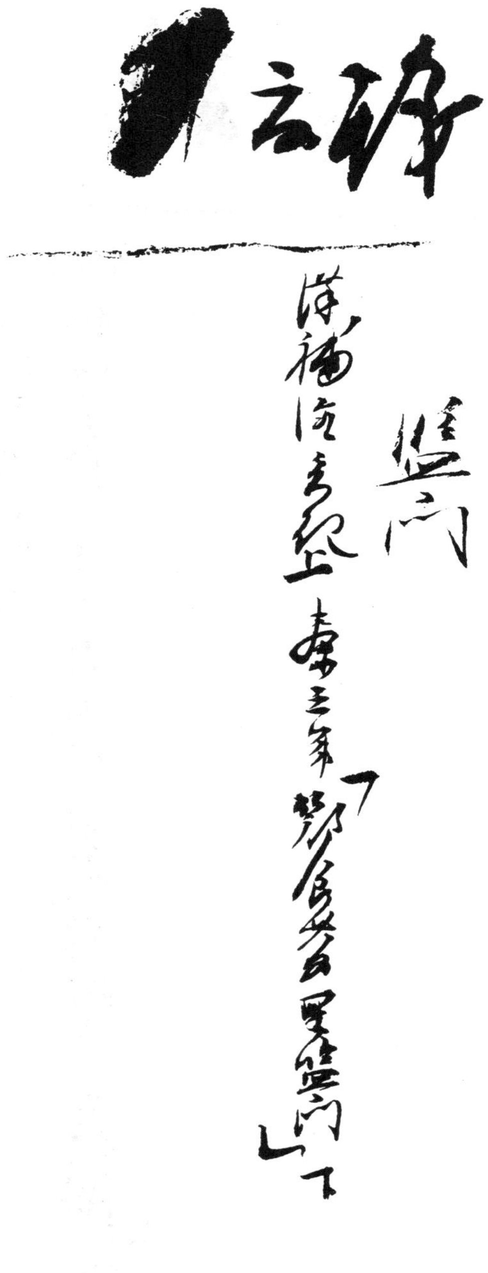

辟

漢初功臣侯封

漢補注云紀下五年九月信與利倉將兵至代地」下

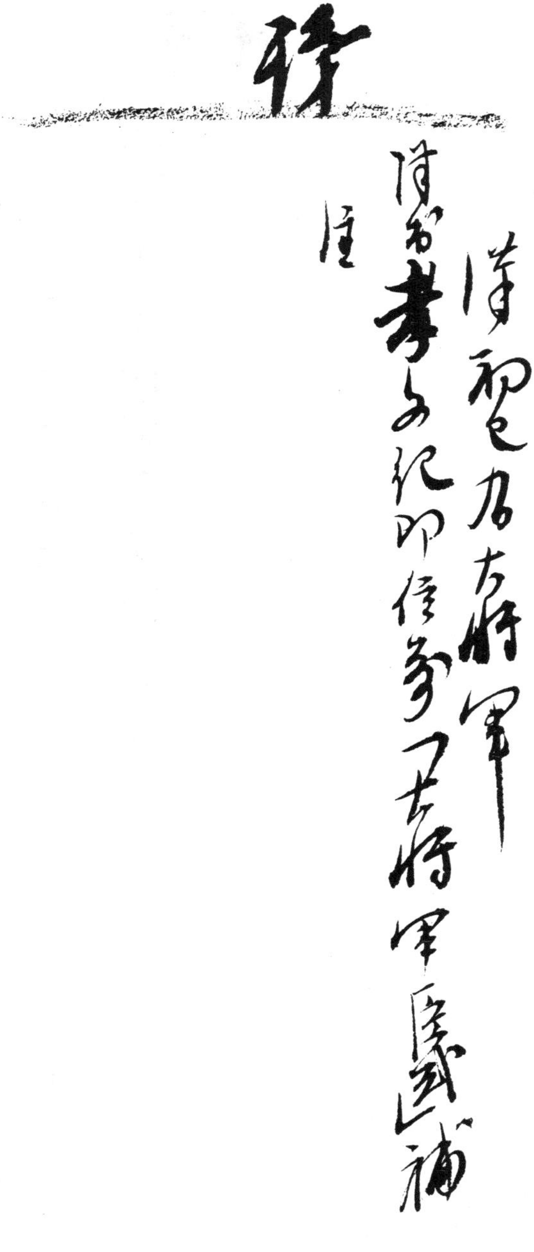

碑

孫居東上學遠

時當王莽紀年應刻敢後

四壹

都鄉亭

漢靈帝建寧三年

水經渭水注新豐、

改爲都鄉封段熲爲侯國。趙一清曰：案

漢承秦制，十里一亭，十亭一鄉。都亭、都鄉所

以統一縣之鄉亭也。後漢書本傳段熲初封

都鄉侯，更封新豐縣侯，非改新豐爲都鄉也。

區畫

都鄉即廟

水經注卅一・三

[illegible]

古一

世系從部種族部附見

文史通義新蘇代世系部卷六

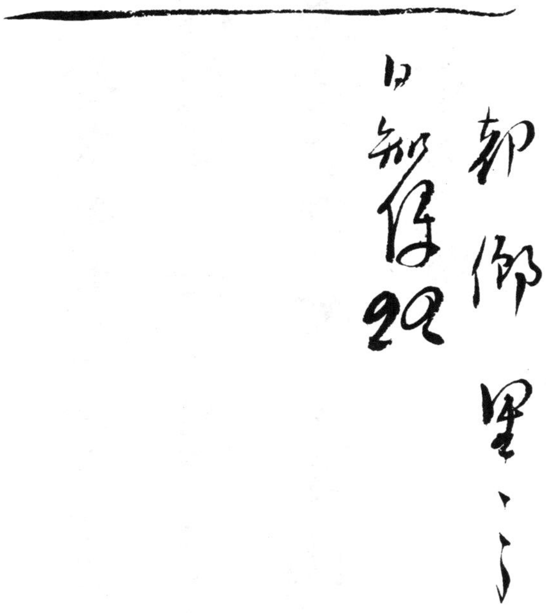

改官制舊司宜兼存

以條例繁案牘多研而於吏　求漢熟習事例

臺閣大卿不增　六部職在中書之十一局尚書

討書亦增

地方自治

月知縣八　鄉亭之職至甲

三老孝弟力田皆鄉官名

世之吏劉紀之

州郡政區兩府

日知録卷八府

明官俸最薄

廿二史劄記

印信

朱弁爲通問副使，正使王倫歸，弁曰：古之使者有節以爲信，今無節有印，印亦信也，願留印使弁得抱以死，死不腐矣。倫解以授弁，弁臥起與俱。宋元學案卅二

天子印獨稱璽用玉而秦以來事

左襄廿九　璽書追而與之疏

宋初許折李世襲

宋初久任西北帥臣

宋南渡設鎮撫使

路史封建論　四・十六至廿五

驍旨

以隆其名官。通鑑陳宣帝太建十三年注引杜佑曰：突厥以勇健者為莫賀弗。肥麗者為大羅便。〻〻〻。酒器也。似角而麗額。體貌似之。故以為號。山官特貴。權其子弟為之。隋大業以前初有官稱者有其號。繼其職者冒之。久之遂成官名之

市嗇夫。漢書何武傳：武兄弟五人。皆為郡吏。郡縣敬憚之。武弟顯。家有市籍。租常不入。縣數負其課。市嗇夫求商捕辱顯家。顯怒。欲以吏事中商。武曰：以吾家租賦繇役不為眾先。奉公吏不宜乎。武卒白太守。召商為卒吏。劉攽曰：吏改作史。州里聞之。皆服焉。

詔制內官除各部院堂官及遂料知官除授擬奏皆不詳書指

官事

讀史

明寄印錢四日 隨筆66 東坡全

宋時人臣有貝因賜錢仕比 83 同上

牌

臬司

宋提達阮治積臬司

秦郡考觀堂集林十二○書謝山篇之說秦郡當四十八

漢郡考上○謝山高祖增廿六之說誤　漢郡之增在景帝時

漢猶有十五郡　參看卷十五齊魯封泥集存及書後

正衙　入閤　常參　六參　朔朔望 望參 朔參

起居

横行　道正衙

入閤

宋要礼志　第十卷の八頁　第七卷七頁

殘

一閣 兩廡 東垂閣門 延英殿

宋史284 5

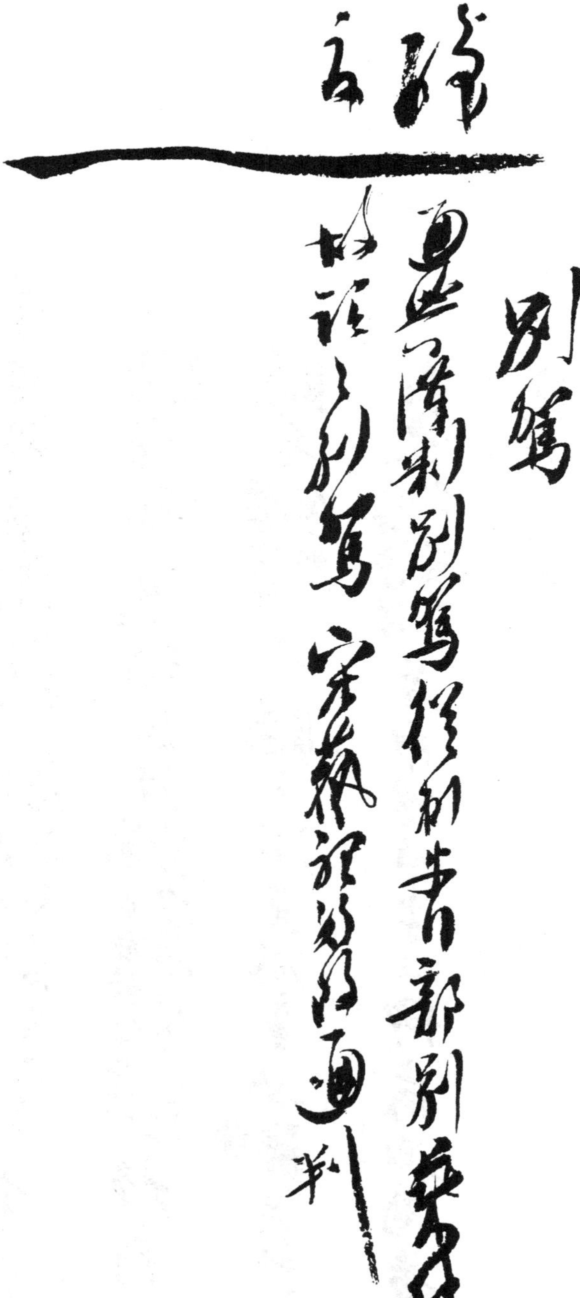

職官

予告賜告謝 漢書高紀高祖嘗告歸之田注(一上卅)元紀永光五年注(九廿) 予寧 謂居家持喪服見哀紀注(十一廿)

洗沐休沐 萬石君傳(四六廿) 鄭當時傳(五十卅) 移病三月

賜告 疏廣傳(七一卅) 予賜之法見馮奉世[redacted]傳(七九卅)日至

休吏 薛宣傳(八三卅) 若二府傳坐事公卿病輒歸告至郎

摘印時免

亭有兩卒一亭父一求盜 漢書高紀注(一上卅)

監門 漢書高紀酈食其爲里監門 注蘇林曰監門之卒

也（一上下）史記酈生傳爲里監門吏然縣中賢豪不敢
役（九七上）漢書作爲里監門然吏縣中賢豪不敢役　師古曰
及賢豪吏皆不敢使役食其（四三上）

舍人　漢書高紀秦三年注（一上六上）

宦皇帝謂奉事惠帝與左官律無涉　漢書惠紀即位後（二上）
主天子物曰尚　五尚　內官婦人與諸尚　漢書惠紀即位後（二上）
佐史　韋昭曰若今曹史書佐也　漢書惠紀即位後（二上）

諸官加中者多閹人（漢高后紀八年注（三之下））

「如淳曰律說都吏今督郵是也」文紀元年注（同之下）

奪爵即除名爲士伍言從士卒之伍 漢景紀元年注（五之上） 淮南王傳注「律有罪失官爵稱士伍也」（四四之下）

除注除故官、就新官見漢景紀中二年注（五之上）亦見竇田灌韓傳注（五二之下）

徵事○丞相府官屬，掾屬故吏二千石不以臧罪免者爲之 昭紀元鳳元年注（七之下）

三輔郡皆有都尉　宣紀本始元注（八下）

令諸侯相位在郡守下　元紀初元三

戊己校尉戊己二字之義　元紀建昭三年注（九下）

「職志官名主旗幟也　漢高惠高后文功臣表汾陰悼侯周昌注（十六下）　建教建平

莫教令爲一官（又卅上）莫教見書參付（四九上）參爲咸

以從沛公（卅下）又以執帛執珪蓋亦楚之爵（卅下）

「命家謂受爵命　漢食貨志注（卅四上下）

史記左右之年（漢書廿六上考證）

涓人（見漢陳勝傳（卅一頁上） 中涓曹參傳（四九頁上） 賈誼傳謂以章甘乃為

中涓其次漢為舍人（同八下半）

漢無相稱古○看申屠嘉傳（同二頁上）

申屠嘉以若用僕為相爭此時列侯無辟始公孫弘

追尊始於漢儒霸

汲黯恥為令萬淮陽（五十頁下五頁上） 漢書傳陳咸事）陳閭為印帶

子以力得入帝城孔不根（卅六頁上）

「選吏三歲一更」○漢書魏相傳注引如淳（七十四上）

律都侍史書曰歷年舉以備任列仍付罪京兆胡三省曰西都

之制京兆尹列於九卿

焦延壽爲小黃令，增秩留任 見漢書京房傳（卷七五上）

高弟爲令、丞傳 見漢書孫寶傳（卷七七上）

「如淳曰：漢注，邊郡置部都尉及千人、司馬、候，不治民之」漢書馮奉世傳注（七九下）

「西府坐在御史府也」漢書薛宣傳注（八三上）

楊僕以千夫爲吏（漢書酷吏傳（九十上））

謂郡守爲郡將以其兼領武事也（漢書酷吏嚴延年傳注（九十下））

漢律邊塞郡置尉百里一人士史尉史各二人巡行徼塞也（漢書匈奴傳（九四上））

建尉有高清名若今謁同以廉生業（漢書貨殖傳（九一））

虞上事于梓東郡都尉不復置太守（漢書匈奴傳（九四上））

[redacted]

鏞在村者之職見漢書王訢傳（六六上）
雋不疑傳（七一上）

文帝四年猶有使材官平起（十二下）
見田叔傳注（三十下）

節（後書光武紀更始元年十月注（上五））

「三老孝悌力田三者皆鄉官之名」（後書明帝紀注（二下））

録尚書事之始（後書章帝紀以太尉趙憙為太傅，融為太尉，並録尚書事注（三上））

鄉吏。後書安帝紀元初四年詔「其務史以威暴下，小吏妄行苛刻，鄉吏因公生姦，為百姓所患苦者，有司顯明其罰」（五上）

郎官。後書桓帝紀建和元年注「郎官謂三署中郎將下之所有五官中郎、侍郎、郎中」（七下）

秘書監。桓紀延熹二年初置秘書監官（七上）

「改平準爲中準，使宦者爲令，列於内署。自是諸署悉以閹人爲丞令」（後書靈帝紀）「始置圃囿署，以宦者爲令」（四光和）（臺平四八注）（六八注）

漢安都護。（後書獻帝紀 中平六年）省扶風都尉，置漢安都護

游徼。（後書臧宫傳）「少爲縣亭長、游徼」（四八6下）

三公參職。（後書竇融傳）遷大司空……二十年（建武），大司徒戴涉坐所舉人盗金下獄，帝以三公參職，不得已乃策免融（五三4下）

位次太傅（下三乙上）○後書宦者傳（五三乙上）

與相不親，職自兩吉始○後書馬嚴說見樓傳（五〇八上）荀彧傳（七〇上）

大常侍○後書儒林傳　族父閎以宦者有才辯任職

元帝時，佐石顯等領中書，號曰大常侍（五八乙下）

三獨坐○光武特詔御史中丞與司隸校尉尚書令會

同幷專席而坐，故京師號曰三獨坐（後書宣秉傳（二七上）

鄉佐○後書陳寔傳「至蕃時為縣陽、西鄉佐」注「續漢

書曰鄉佐主佐鄉收賦稅」（六八上）而王倫傳則云「拔剛佐吏」（七五上）

「上言舊典中官子弟不得為牧人（職）」注以前濁絕傳（六八上）

清詔○後書王允傳附孫稚「永壽中為司徒掾清

詔使冀州廉察災害　注風俗通曰：汝南周勃辟太尉清詔使荊州。又此言以得徒清詔使冀州。蓋三公府有清詔員以承詔使也（七一頁）

「三公以災異策免，始自防」。後書徐防傳（七四頁）

以律令為尚書。後書陳寵傳：「祖父咸，成哀間以律令為尚書」（七六頁）

掾屬皆故刺史二千石。後書崔駰傳：及憲為車騎將軍，辟駰為掾。憲府貴重，掾屬三十人，皆故刺史二千石，惟駰以處士年少擢在其間（八二頁）

從佐。後書周燮傳：馮良「出於孤微，少作縣吏，年三十，為尉從佐

佐車檄迎督郵路慨然恥在廝役因壞車殺馬毀裂衣冠乃遁至犍為從杜撫學」[redacted]佳從佐循隨從而已不主
東謐」（四三一上）

○公○謂太尉司徒司空太傅見後書何敞傳（八七上）、虞詡傳又稱為○府（八八下）

伍伯赤幘絳鞲即今川獲捕也○後書虞詡傳注（八八下）、郭躬（八八上）傳注 及宦者節傳注 文苑禰衡傳注

「墨綬、縣令長」後書左雄傳注（九一上）

童子郎○後書黃瓊傳孫琬瓊為司徒琬以公孫拜童子郎」（九一下）

三公在外之始○後書董卓傳中平三年春遣使者持節就長安拜

使温爲太尉，三公在外始之於温也（卷二21上）

大將軍位在三公上。見後書袁紹傳（卷四上6上）

三臺。後書袁紹傳注「晉書曰：漢官尚書爲中臺，御史爲憲臺，謁者爲外臺，是謂三臺」（卷四上8下）

王莽時，稱說大師、大傅、國師、國將，三公說大司馬、司徒、司空。後書循吏任延傳（卷六2上）

朝臣。「獨對曰：公卿侍中尚書衣帛□」入朝時日朝臣謂[illegible]

校尉將大夫以下不爲朝臣」注（四十4上）續書輿服志

魏太祖加杖楊阜。見三國魏志何夔傳（十二5下）

三公有疾朝見，載輿車，虎賁輿上殿就坐。三國魏志鍾繇傳（十三7上）

侍中本奏丞相史（獻帝紀注引漢官儀（大正））

「自誅黃門後侍中侍郎出入禁中機事頗露由王允乃奏比

侍中黃門不得出入不通賓客自此始也（後漢獻帝紀注引 レ獻帝起居注（大正））

尚書不宜從郎官超升宜簡常歷州宰素有名者　令

出多少入樞為最利（後魏李彪傳[redacted]（五六9下））

楊秉奏侯覽具瑗為尚書常家掾屬日出府外職而

奏劾近臣指典漢制片故事乎素使第曰……

漢世故事三公之職無所不統（後漢本傳）レ（乃の止）

建武省官見紀六七九王十三十三十四十六廿六年

宦官与梁冀朋比見後書梁瓘（六一九五）

李固琭⋯百餘人會見訊侍中葉皆年少與一宿儒大人可顧問

者誰可欽邑自書左（以憶見三上）

蓋私之論亦當夢降其方屋之先趙壹為鄉么紀甘露二年注（○九五）

傳報那大改官制依古正本三國魏志（四一八五）

秕曹位置於桓帝延熹二年見紀

職官

灌謁者○見漢書樊酈滕灌傳註

減、假、絶友傳○後漢書桓帝紀延熹二、四、五年

士伍

漢人有爵者稱爵，如出粟△五大夫△；無爵者稱士伍，如淮南厲王傳士伍開章、丙吉傳

士伍篇

一、高官兼攝下司，故漢昔未領之，乃領書領令，乃周召大保題疏

內閣職（四庫目録曰本官兩有文事總書局稽核大要）

清初置文館，設八大臣及十六大臣，各種事務使其與諸貝勒會議行之。天聰十年改設内三院，曰内國史院、内秘書院、内弘文院，各設學士一人（内國史院掌記注詔令、編輯實錄、史書，撰擬郊祀祝文、慶賀表文、誥命、冊文；内秘書院掌撰外國往來書狀及敕諭、祭文；内弘文院掌注釋歷代行事之善惡，進御前進講，又教諸親王以後行制度之處）。順治元年二月，增設内三院學士各一員。二年，以翰林官分隸之，增侍讀學士、侍讀等官。九年，更設典籍。十五年，改内三院爲内閣，學士俱加殿閣銜，殿之名四，曰中和，曰保和，曰文華，曰武英；閣之名二，曰文淵，曰東閣（中和殿之名後未嘗用，以會典删去，增體仁閣）。翰林院别爲獨立官廳。十六年，廢學士、侍讀學士等官，内閣與翰林院名

分職掌　十八年改内閣後内三院爲翰林院　康熙九年十月改内院爲内
閣翰林院亦如舊
乾隆十三年十二月定殿閣大學士員數及銜稱　從前内閣員數未定康熙
間滿四人雍正間多至六人爾後皆傚此例更增設協辦一二人後遂定滿漢
大學士各二人協辦則各一或各二
大學士　滿漢各二（授與殿閣銜稱）
協辦大學士　各一（兼尚書）
内閣學士　滿六漢四（兼禮侍銜）
侍讀學士　滿四蒙二漢二
侍讀　十六

典籍 滿二 漢軍二 漢二 係翰圖書發遣文書

中書 滿一七 蒙一六 漢軍八 漢三〇 繙譯繕寫

中書科中書 滿二 漢四 } 謄寫

舍人 同上

筆帖式 一〇

	滿侍讀學士	侍讀	中書	貼寫中書
滿本房	滿二	四	三九	二四
蒙古房	蒙二	二	一六	六
漢本房	滿學士 滿學士 [illegible] 漢軍學士		滿三 漢軍三八一	滿一六
滿票簽處		滿三	滿 蒙 上二〇	滿八
漢票簽處		漢二	漢二七	
批本處			翰七	
收發紅本處				
司本庫				

滿翰林院

滿票簽處中書由滿蒙舉人考官任

票簽即以內閣之意見附於奏章者

收發紅本處副本處職員由大學士於滿漢中書中選任之無定員

凡奏章由滿票簽處批本處進呈　得批則以紅筆記其旨即紅本是也

收發紅本處以掌發付紅本及保存之之事　所發紅本每日須發六科給

事中一給事中到內閣領取一歲底又須收回保存

此外尚有

（飯銀庫）　掌內閣會計出納其職員由滿漢侍讀於典籍中選任無定員

（稽察房）　監察各部院遲延事件　職員由滿漢侍讀中選任無定員

各部院奉勅旨議覆事件，稽察由票簽處傳送稽察房，依次詳細登載，以使與後奏過一對照，分已了者、未了者，已了者逐月彙奏一回

稽察欽奉上諭事件處　監察各部院各旗遲延之事　總理大臣由大學士尚書左都御史中特任，無定員　於部院事件每月檢閱存案，至年終彙奏一次　八旗事件三月彙奏一次

見劉錦藻志，誤此由內閣奏請簡受之監修御載及

文淵閣

乾三七年奉敕建閣以藏四庫書

四一置

領閣事二　大學士協辦大學士或翰林院掌院學士尚書兼充

提舉閣事一　內務府大臣兼充

侍郎兼內務府大臣　或管理內務府

直閣事六　以閣學士翰詹內閣學士內閣讀學士少詹事侍讀學士侍講學士兼充

校理十六　由庶子侍讀侍講編修檢討等充

檢閲八

内閲中書堂

清代通政司奏及諭旨

凡地方各廳陳奏　須經通政司先將方式檢核乃傳達內閣（中央各部院則直達內閣）光廿八年裁通政司　地方奏事直接提出內閣　內閣大學士會閱後　或付部　或送軍機處　軍機處予御筆批定　寄諭或廷諭直達該地方各廳（經寄諭繕寫　註三）否則仍交內閣　內閣送都察院六科　六科給事檢閱後如有封駁者封駁之否則傳達地方各廳

奏文逕由通政司送內閣者　曰通本　由六部及他中央各廳直送內閣者曰部本　通政司處分以別之民

凡奏本須具正副二本　正本須鈐印交都察院　副本則存貯內閣　或係圖冊及其他必要之文書　皆由內閣先之檢閱其內容及形式格式而後附以內

閲看之奏摺（注）着某旨後議覆或送交該部院會議　否則抄由通知該部院而已（注二）

（注）內閣閲看之不一而足每奏均有所請後從議覆乃答也

米蘭

（注二）又閣於各吏之任免進退將其候補者或記名特定資格者一一或連記數人以候選定先後尋常事件抄附一依議或知道了之附簽而奏進之

（注三）嘯亭雜錄　軍機處有所謂廷寄諭旨者凡屬機事不便發抄者軍機大臣面承之後撰擬進呈發出即封入紙函鈐用辦理軍機處銀印交兵部加封發驛馳遞其遲速皆由軍機處司員手注外判明　又云　此例始於雍正間大學士張文和所奏定

又諭旨非即時奉行者軍機處又須繕記之到時乃再奏請若事涉機密則密封存記及時乃發布云

軍機處

清初以內閣為政治之樞機 閣於軍事者則付議政王大臣議奏 康熙中諭旨皆由南書房翰林撰擬 雍正間用兵西北始設軍需房於隆宗門內內閣多有在太和門外宿直者 選內閣中書之謹密者入直繕寫 後遂因之名為軍機處 其為軍機大臣者皆親臣重臣

趙翼曰出納詔命魏晉以來皆屬中書 故六（朝時中書令极貴 中書令）令貴為常不親奏事多使中書舍人入奏 唐初猶以中書舍人亦最膺權要 唐初猶然 高宗時始分其職於北門學士 玄宗時又移於翰林學士 中葉以後宦者掌國柄設為樞密使生殺予奪皆從此出 學士中書皆承其下流 昭宗時大誅宦官 始令蔣玄暉為樞密使 此為樞密移於朝臣之始 六朝唐初之中書中葉以後之學士宋

季之樞密所什皆異名同實也宋金則明太祖廢中書永樂中始設內閣以批答章奏撰擬詔旨制誥中書省之權收天子與閣臣不當又有所謂別令內監出寫事目付閣撰文於是宮內有所謂秉筆太監者其權遂在內閣之上與唐之樞密院無異及至本朝宦寺不得與政世祖親政之初即仿宋本使大學士在御前擬票康熙中有南書房擬制旨之制而樞機仍屬內閣雍正以來本章歸內閣機務及用兵則軍機大臣承旨……見所著軍機處述嘯亭雜記

軍機大臣　無定員大學士尚侍中任　京堂以上之者亦入

軍機章京　滿漢各十六　分爲二班　每班八人以一人爲領班謂之達拉密由**軍機大臣**選任之　滿章京以內閣中書六部理藩院郎中員外郎主事筆帖式等充之　漢以內閣中書六部郎中員外郎主事七品小京官等由

進士舉人拔貢出身者爲之 選任州通判或衙門中書或衙門郎中爲候補者

軍機大臣奏員選定 缺員由候補者遞之 軍機处文書 唐 漢文滿文翻譯章京爲繙

理六房由軍機大臣所管者同稱也

（方略館）（内繙譯房）皆屬軍機处

政務處

光二七年三月設　上諭

上年十二月初十日因變通政治力圖自強通飭京外各大臣各抒所見剴切敷陳以待甄擇近來陸續條奏已復不少惟各疆臣多未奏到此舉事體重大條件繁多為務在博采時勢抉擇精當分別可行不可行並考察其行之力不力務非有統匯之區不足以專責成而挈綱領著設立督辦政務處派慶親王奕劻大學士李鴻章榮祿崑岡王文韶戶部尚書鹿傳霖為督辦政務大臣劉坤一張之洞亦著遙為參預該王大臣等一切因革事宜務當和衷商榷悉心評議次第奏聞候朕上稟慈謨隨時更定切實施行……政務處提調由該王大臣等擇心術純正通達時務之員

奏請簡派國務總理……

內閣新條例

本總理王大臣以下應請揀擇二人，每各八人或十人，欽遵聖諭以心術純正、

通達時務著見之石論朝野均信選之，以承朝旨，簡任賢能，不拘成格。

政務殷繁，情狀不一，宜分設專司以理其事，如各部奏事奏事，設即分部管理，

因事宜分理要政，再當擇調屬員商訂經大臣檢閱議決，設上請聖裁。

……政務總理乃一國政治得失之所繫，居樂其賢否於振得權輔佐商人

一、秉大公而周本總統

內閣實職擬如政事司院，唯內閣另設政務總理實職大臣，定各王大臣派大

臣領之……

學務處

始設大學堂派張百熙為管學大臣

後命張及榮慶張之洞為管學大臣

乃改管學大臣曰學務大臣為學務處長又設文案會議二處通核大學堂別

設監督

練處

六部

崇禎四天聰五七月初定官制置六部每部以貝勒管理

崇德三七月更定六部藩院都察院八衙門官制每衙設滿洲承政一員以

下設左右參政　理事官　副理事　主事　筆帖式

順治改承政為尚書　六部置侍郎　都察院置漢都御史各一人

是為六部都察院並置滿漢二長官之始將侍郎副官為今所從制

光緒又二十一年吏戶兵三部置管理事務一人（二十八年廢）（注二）

然滿漢一部有兩尚書四侍郎凡核議之事宜允當矣然往往以權力較

量其一人主之則其餘皆隨從畫諾不復可否若更有重臣兼部務則一切

皆惟所命而重臣者未嘗核閱也但聽司員之說設辭請即書押而已故司員

中爲尚書下部侍吏兵權反在侍郎上，爲尚書者以務之重乃致此。此其權之去

尚書上[illegible]居尚書侍郎方爲權要，[illegible]之所司員已被侵奪，擁虛名而無權

部不敢[illegible]一種[illegible]人[illegible]謂[illegible] 可[illegible]部[illegible]也

	管理事務	尚書 滿漢各一	侍郎 滿漢各二	郎中	員外郎	主事	筆帖式
吏	一	二	四	の	卅?	?	??
戶	一	二	の	?	?	?	?
禮	〇	四	四	?	?	?	?
兵	一	二	の	?	?	?	?
刑	〇	二	の	?	?	?	?
工	〇	二	の	?	?	?	?

侍郎以上皆稱堂官對皇上有上奏權
尚書侍郎皆可奏陳其意協辦名管理事務仍不為獨任制
各部事務以諸多繁吏司分掌之郎中為大長官　員外郎主事筆帖式等
屬各司掌一司之各務　又有掌印主事隨堂為之例掌文案奏章　司務
掌文書出納　郎中滿左漢　員外郎主事同　筆帖式專司翻譯同　又有左右侍滿者

吏部
文選清吏司　文官銓任陞調之々……
考功　掌文官功過考升降罰俸免官之々
稽勳　文官注籍休假給假
驗封　封爵授蔭封贈土司襲職

户部

6 山東清吏司 —— 山東 盛京
9 山西 —— 山西
8 河南 —— 河南
江南 —— 江蘇 安徽
2 江西 —— 江西
7 福建 —— 臺灣 福建

1 浙江清吏司 —— 浙江
3 湖廣 —— 湖北 湖南
4 陝西 —— 陝西 甘肅
10 四川 —— 四川
5 廣東 —— 廣東
11 廣西 —— 廣西
12 雲南 —— 雲南
13 貴州 —— 貴州

9 +

各清吏司，以經畫各省錢糧收支奏冊
南 司二人 八旗戶籍
並兼掌直隸、北檔房、[illegible]二 現審……之檢……

度支部之所屬

總督倉場　北京通州倉庫皆歸監督　戶部滿漢各一任之　座糧廳監督滿漢各一　給事中御史內外各部郎中揀選任以二年為代　大通橋監督滿漢各一　由各倉監督之遴充任　各倉監督在北京者十一　通州者一　在內閣中書部院書中之滿漢中揀選任二年為代　各倉均以滿漢筆帖式

內倉監督　各通倉存放乃八旗三營之各倉儲糧王公百官之俸祿　內倉則藏宮中祭祀所需儀物草墊及佛前料枝　監督二　戶部滿司員中選任以二年為代

寶泉局　滿漢監督各一　以司員中揀選任以二年為代　滿大使五筆帖式由選任以三年為代　各省錢局鑄造一八

此外有各庫三庫　銀庫　緞匹庫　顏料庫　以管理三庫大臣總之　各衙

三庫管理大臣勅任管理者以戶部尚書或侍郎兼之為臣　三庫一

大臣中以勅旨簡任

三讀至隋後於拉收十三年乃分出三科凡二八條三每戶印

禮部

禮部〇 以禮樂書目 嘉禮 軍禮 學校 貢舉 下封 節印 信等 冊 三古 武官 祿服 [illegible] 嘉禮 軍禮 [illegible]

祠部〇 —— 吉禮 凶禮 醫 僧道 紀 紀 曆 時 [illegible]

主客〇 —— 賓禮

膳部〇 —— 不 禮中燕饗 [illegible] 及 牲 牲

總理樂部事務 乾七始設分 神樂署 和聲署 掌 [illegible] 印

令振二署存 總理樂部事務禮部尚書一人及 [illegible] 院 [illegible] 書 [illegible]

附錄

作 [illegible] 神樂署 [illegible] 郎 [illegible] 樂 [illegible]

禮部 音律(甲)

[illegible] 提積全國の禪錄 初讀 [illegible] 明 乾一八 [illegible] 禮 [illegible] 一

人為提轄精□□路鴻臚寺少卿三年為代　以下名次改差隨道譯

夜

鎮知知府　□之後　侍為兵部郎　高平軍武學事　侍少保

武臨清書司　武學任為封□及□□意□□及□□東□□

子

專知　經□軍□□匹□□

□□□□　測量□□□□□□　王武□書所□□

牛　武□　無□武學生□□

參知□　□□□　兼□□□　當□□兵部侍郎　以本官侍郎封二年為代　除權□

所論除人一同　為保選任　一年為代

[illegible]

□宗中如有□奏□□□奏本□選□□□□□

崇禎末總督巡撫凡十六人宣大 山東 山西 河南 河北 福建 浙
江 湖北 南 陝甘 四川 廣東 廣西 雲南 貴州 順治初所設與今同
陸續裁併乃定
歸併者須請部覆請之 勅命以後無論達者請之 火票
列部請旨 直隸 順天府 奉天 奉天府及盛京吉黑將軍屬地 江蘇 安徽 江西
禮部 湖北 湖南 山東 山西 陝西 甘陝 四川 廣西
知 川 雲南 貴州 浙江 福建 緝捕逃人 旗人
皆兼督撫事 直隸江蘇大都轄數 奉天與宗人府理藩院咨行
事 安徽江西有貴溪中城鄉失業流事 與兩廣
總督兵部尚書 其總督一二而已

附屬刑部所

提牢廳　掌監獄事務　滿漢主事各一　於額外及試俸主事內補任　每歲更代　司獄有

司獄滿漢二　滿漢人醫各二人分掌南北監

各一　以獄內管理南北監

掌贓罰什物　贓罰庫　滿漢司庫一　滿漢庫使二

隸刑部　以刑部司員　律例館　總裁　選部院交

每五年　刑部官提調纂修等　亂

每人刑部官提調以[illegible]右劉

總裁侍郎　以刑部尚書

提調司官一　刑部司員充之

纂修司官

收掌司官

謄錄司官

供事司官　刑部筆帖式充之

工部
- 營繕案目
- 虞部——收掌宮御田苑囿　修造城郭衙　供修營葺
- 水部——河渠　橋梁　蔵渡
- 屯田——修繕陵寢　供修兩坟莊塋

工部所屬即分掌鑄錢之事

附屬工部直隸
- 鑄錢局　金錢出納會計
- 製造庫　製造器用
- 料估所　物上之合覆稽定審工　工價
- 琉璃窯　燒造陶瓦
- 木倉　竹木料

皇木廠 查收運運木

街道廳 平治道路溝渠 籌理街道廳 [illegible]都[illegible]御史

正印司官一 主事(?)[illegible]條[illegible]司官 一筆帖式

寶泉局 掌鑄錢 一 副印司官 一 大使二 正印筆帖式

中[illegible] [illegible]

注 特命重臣總理事務 [illegible]理事務

吏部尚書 [illegible]部 [illegible] 勅總理之 順治改設尚書 仍命親王郎[illegible]

一王[illegible]我朝內閣大學士尚書[illegible]上總理部務 親王郎[illegible]

以大學士 帝中[illegible] [illegible] 兵[illegible]

蕭(?)部 樂部 太常寺 鴻臚寺 [illegible]禮部侍郎 [illegible]

協(?)[illegible] [illegible]左侍郎 [illegible] 禮部尚書[illegible]

武英殿御書處 宗人府 銀庫 [illegible]三庫 [illegible]火藥局 [illegible] 圓明園[illegible]

天寶六載始為書學為長　大儒書大醫院乃始設之

順天年天附上始設書院為所尹事務　為其以學書者侍郎特任　監

初國子司侍郎　其後以國子祭酒之

其後復改司徒都使為僚於此以新傳的兵事務然右諫議理東務為田

掌理事務

外務部用人不分資格[?]循陳[?]以來舊例

光27.6 改總理衙門為外務部

總理衙門（咸10）統外交通商關稅等　兼總理事之衙門　大臣無定員

由王大臣特簡　以原設處理其務　其組織[?]仿軍機處

光27 上諭

……總理各國事務衙門——王大臣等　多係兼差　未能專一[?]

宜自應特設員缺以專責成……著改為外務部　班列六部之前……

管理事務一

會辦大臣一

尚書一

侍郎二

郎中　員外郎　主事　左右丞　參議　司務

四司郎中（由主事升）　員外郎　主事各二　均系題缺　特别任用　行走六人以上　不任

用不分滿漢

外務部

和會司　外交商務事派遣使臣更換　外國交涉通（見）接應敘獎　本部考
使舉延聘　文武學生：

考工司　鐵路礦山電線大兵造船　聘用外人　派出學生及洋務

榷算司　關稅　商埠　國債　貨幣　郵便　本部及在外各館
出使經費

庶務司　海防　保護教士游歷外人　外人禁令　華工　詞訟

以左右丞總之　左右參議總之　為四司總辦　左右丞由左右參議升

為應陞任　左右參議由郎中員外郎之優秀者中選任　主事以備補任者

使丁材　毎日筆印一　都筆印二　年一个修換

司務二人　由儀仗司中選任

儀仗司　以儀仗司案内可勤者人　由同文館學生及奏補者為筆管

催選任

同文館　提調一　幫提調二　提調於筆印中選　幫提調隨譯中任之

（出使）（領事）

參贊　由具所管衙門　任用翻譯無定　於外務部司員中派

參贊　出使參隨由出使大臣奏請任命　「參贊」一　以隨員中記名一　領

事　由隨員中郎中員外郎主事任命

商務部　作用不分清

光29

尚書一

侍郎二

郎中

員外郎

主事

商務部

保惠司　商人保護　專利保護　專業發明　保護外人　本部

礦務鐵路均歸通藝司

平均司　開墾　農務　蠶桑　山利　樹藝　一切殖產之事

通藝司　工藝　機械　製造　鐵路　輪船　電氣　礦務　招工

考核工程

附屬商務　甲種商品

會計司　總務　銀行　貨幣　權業之度量衡　商業上之稅務　商品

事務科之主任　審查科之經費　審外經費

律學館　編纂處二　編修處二　以商部司員兼任　主調查事

各國商法　主外國法律　各國商業法令　第一節商法……　商

精商律者　又須商律

商務館　提調官一　亦以商部司員兼任　總辦商務

理藩院 地位與各部同組織亦準各部

國初有所謂蒙古衙門者崇德三年改名理藩院 設承政及左右參政 順
元改承政爲尚書參政爲侍郎 十六年以禮部兼任 十八獨立
其官制之條裁亦準六部尚書照例參大政（清史同上）乾隆間始無與政

今不詳

尚書一
左右侍郎一一 不分滿蒙
額外侍郎一 —蒙古貝勒子賢者任之
郎中
員外郎

理藩院

- 旗籍清吏司 —— 内蒙古封爵會盟軍旅郵傳
- 王會 —— 朝貢、俸祿
- 典屬 —— 盟外蒙古部旗郵傳互市喇嘛教
- 柔遠 —— 外蒙喇嘛俸用朝貢
- 徠遠 —— 回部蒙古路會俸祿（本年）
- 理刑 —— 外藩刑罰

本

- 銀庫 —— 金錢出納
- 蒙古繙譯房 —— 譯蒙語

方志

- 唐古特學 —— 司業一　助業一　學唐古特語
- 稽察内外館

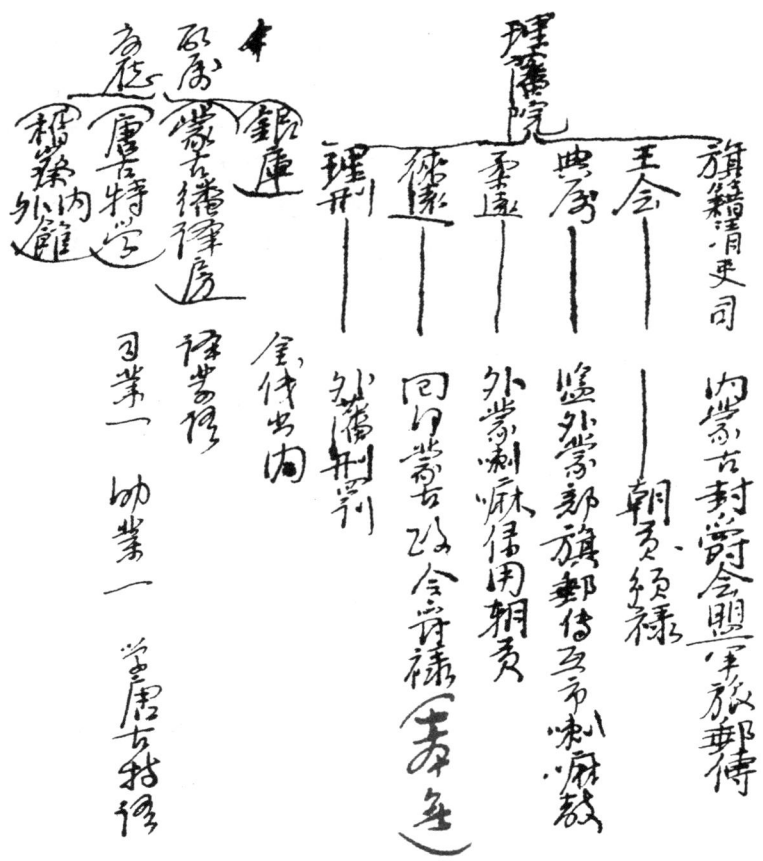

清對蒙屬駐官

- 內蒙古
  - 烏蘭司
  - 哈達司
  - 三座塔司
  - 八溝司
  - 塔子溝司
  - 游牧理事外郎等
- 外蒙古
  - 定邊左將軍
  - 烏里雅蘇台參贊大臣
  - 科布多參贊大臣

塔尔巴哈台参赞大臣
库伦办事大臣
恰克图办事大臣
青海—西宁办事大臣
西藏—西藏办事大臣
此外蒙古各驛之無詔處—伐字以專章以稽[illegible]以程覆以古北以外員外郎
圍場總—圍場總管左右翼長章京
驍騎校
旗長所驛左右文指揮官會照長所理藩院指揮官會

光卅二年改
並為副
改都御史
一名副都
御御史二

都察院

掌徙元置都察院該承政參政等

順元改承政參政為左右副都御史

左都御史二 ─ 滿漢各半

左副都御史四

右都御史 ─ 督撫兼任

右副都御史

六科給事中

掌侍違糾劾監察各印

有掌印給事中之別 主任

普通給事中 稱助官

監察

吏科 文官升遷黜陟

戶科 財政

稽查各部

吏部 順天府

戶部

礼科 典礼
兵科 军政
刑科 裁判
工科 工事
十五道 道掌纠察吏奏诸政务
分掌印 普通监察御史照给事中例
道 满汉监察御史裁判事务
条议所 二 掌理院务
直隶风纪
知○ 知事○
知事

礼部 宗人府 理藩院 太常
寺、光禄寺 内务府 国子监
钦天监
兵部 銮仪卫 太仆寺
刑部
工部
监察
内阁 顺天府 大兴、宛平二县
吏部 [illegible]

江南	浙江	山西	山東	陝西	湖廣	江西	福建	四川	廣東
加四	加二		加三	加二				加一	
	廿	八	十	八	八	十	七	七	七

江南 浙江 山西 山東 陝西 湖廣 江西 福建 四川 廣東

京衛及營諸司 左右與中都督在京十二倉三庫

禮部 本院

尚寶司 典牧所 六科 中書 府總督倉

欽天監 太常 通政 二倉

刑部 太醫院 僉書

五城兵馬司 遞補

京營 巡捕 五城 內外

通政司 同知

光祿寺

太常寺

金吾衛

户部 — 七
工部 — 六
兵部 — 七

廣西
雲南
貴州

太僕寺
理藩院經大喇嘛
鴻臚寺

六科查檢閱文冊
京畿事務指揮十五道監察御史任之
以下經歷初名司務後改都事輔佐　皆事帳式
本院為主事　清憲為一
中央地方各官　事務設施成績之　出納　皆報告都察院
會典事例七六〇：部院稽核本章，已奉旨諭者，送內閣票簽批本，傳旨部院
已奉旨各本即內閣送附各送軍機處：：
稽核本內查理未協之處稽覈正本移送部院出地一

除京畿道外諸道分掌各省 稽核其省刑科 並稽查京師各衙門
暨稽查户科、掌政禮科 稽查兵、刑二科 以及稽查工部所屬各工
科

京察大計與吏部同掌

附屬都察院之政廳——巡視五城御史

五城指分京城爲中東南西北五坊 每城以巡城御史（滿漢各一人）主之——由六科給事
中及十五道御史中選任，以一年爲代（大率選卯丁年更迭） 其補助之官
有兵馬司，設指揮、副指揮及吏目，皆爲職官之（程序事件由指揮、指揮以下……）
副指揮、吏目，皆掌捕緝人犯、拘禁、聽審、審理訴訟，由巡城御史聽斷，杖
以下即決，徒以上送刑部按擬（注二）

北京舊有步軍統領統八旗步軍及五巡城御史分段稽察地面之責〔步軍統領兼巡捕之責〕
指揮分治旗民詞訟等事與巡城御史〔宛平縣〕指揮（此外如北京有順天府大興宛平之）
衙門以及別設工巡總局則又移權矣（注）
巡視各城及倉御史　今附都察院改廢

（注）聯軍入北京各國軍隊分管城內各設安民公所之長及事務官
實為中國要設巡捕以實為稽查之依其辦事等事　光緒之末北京
後為工巡總局　為直隸督署之轄制之權輿　後改為管理工程巡捕事務
大臣一人統（工巡總監）（內總監）以二翊之　分（工程）（巡捕）二局　各局
長一　舉巡　隊長　巡長　巡捕　四等

又識西陵人蓋書寫所識

此二紀舊文本狀變通御史之

羅二要通匠畫的後羅知縣供之此本指派以刊印載料

光廿四廢詹事府　通政使司　光祿寺　鴻臚寺　太僕寺　大理寺〻〻〻裁　湖北　廣東　雲南　三巡撫　河東總督

旋復

光廿八詹事府通政使〻〻〻〻廢

通政使司

光緒諭……通政司專掌題本，現在改題為奏，亦為缺，著一并裁撤……

通政使满漢各一

副使满漢各一

參議满漢各一

經歷满漢各一 } 文書

知事满漢各一

筆帖式 满六 漢軍二

登聞鼓廳筆帖式 满一 漢軍一 順初廳屬都察院御史監理其事 康

[redacted] 以鼓屬通政司

內閣受中央各廳各省人民奏疏　通政使司受各地方人民奏疏格送內閣而奏進之　但須具有條件

(一)將軍督撫提督總兵等官上奏權　此外由此等官代奏

(二)人民訴冤須經都察院衙門呈訴不受限　一不則越訴

(三)凡奏章由通政司格閣遞或不經遞奏

例對通政司有全權同官書條以私斷情存者為其考核遞而並用之處通奏司凡內外之封事諸共同建其陳事之疏呈各處遞送內閣並都通到司移送內閣呈御覽奏章之無詳駁之重要者其奏稿之私

太常寺 管壇（天壇 地壇 社稷壇 先農壇） 郊（西郊 北郊） 祠（太廟 奉先殿）
關帝廟 社 順初屬禮部 一六獨立 康二又屬禮部 一〇△獨立△（以禮部相聯 司考功之）
管理事務大臣一 滿禮尚兼
卿 滿漢各一
少卿 滿漢各一
丞 滿一 漢二
博士 滿一 漢軍一 漢一
贊禮郎 滿二二 漢一〇（滿學習贊禮郎二）
讀祝官 滿八（滿學習讀祝官二）
典簿 滿漢各一 筆帖式及翻譯官
司庫 滿一

華帖貳

庫使箚二

華帖貳箚九　律筆一

此外尚有居士壇朝陵之如前

光祿寺 順一八等舊紀 啟十八等紀印掌膳司
凡宮廷膳羞及賓客之事

管理事務一

卿 滿漢各一人

少卿 滿漢各一人

~~署上有署正署丞典簿司庫等裁~~

光祿寺

大官署 滿漢署正各一人 滿署丞二 掌內外祭祀筵宴凡席

珍羞署 時物為盤

良醞署 掌祀燕之酒醴

掌醢署 宗廷用鹽果菜醬醢茶

典簿 滿漢各一人

司庫員二
庫使員八
筆帖式員一八

太僕寺 掌牧國之馬政以聽于御 牧場 初屬兵部康熙九以兵部督捕大
庫場種馬場事務太僕卿兼列[?]管務與管理事務[?]特設
左屬附屬無不另歸內務府上駟院

卿 滿漢各一

少卿 滿漢各一

左右司員外郎 滿洲[?]一 蒙一

主事 滿蒙各一

主簿 滿一

筆帖式 滿八 蒙八

所屬管理事務左右司加[?]一二處

此外復有左右翼場兩翼牧場總管一 左右兩翼均屬于太僕寺邊外之二大牧場也

兩翼總管各一人

翼長各二
此外協領
副協領
防軍校

鴻臚寺相金嘗燕之役　略見原札一五頁立一　修原札原一〇頁立

御

少御　詳清史之（青田和古原二五頁）

管理藩務札記

滿洲贊一の

清鳴贊二

明末義一九增紫明為以輯宕之二一　青山和相

清序雅俗華夏雅俗

立屬清濟史之

華帳武尚の

大理寺爲三法司及九卿之一而已

隋唐大理寺卿各一人

少卿各一

隋唐、丞左右寺丞各二人　　唐有判事

隋左右評事各二人　　補遺　宋置多少乃無定制

隋有評事人　　同前所掌之事

隋唐司務各二人

李頓武周律事二

欽天監 清初多用西人

管理監務大臣 乾隆置 由他大臣兼任

監正 滿西洋各一 初惟漢人 康四滿漢各一 八，康漢監正用西洋人而漢員

修稱三道 授監正之實衔

監副 分左右 滿漢西洋各一 初亦惟漢 康四分滿漢設改滿漢西洋分任

時憲科 滿五官正二 蒙二 漢五 漢五官司書一 滿博士三 漢軍

博士二 漢十六

天文科 滿五官靈臺郎三 漢軍一 漢四 漢五官監候一 滿博士

三 漢二

漏刻科 五官挈壺正滿漢各二 漢五官司晨一 漢博士六

主簿滿漢各一　[illegible]

筆帖式滿十一　漢四　漢軍二

天文生
陰陽生　俱分有滿蒙漢漢軍各有

時憲書二月一日呈御覽以便得印刷四月一日奏准頒發各省

卜祭祀典禮之日　選擇[illegible]陵寢修造搭棚日值宜方向葬山時候天覽

之職

國子監 收滿蒙漢俊秀教育之

總理監事大臣一 由他大臣兼任

滿漢祭酒各二

滿蒙漢司業各一 輔祭酒

滿漢監丞各一 掌理學規督查功課

滿漢博士各一 講述經訓

滿助教 學正 六 統轄六堂率性修道誠心正義崇志廣業教督補助教務

滿學錄六

算法漢助教 四

滿漢典簿各一

典籍傳一

華帳式　函の　第二　傳二

太醫院　宫廷醫療

漢醫使一

漢左右院判各一

御醫一五

吏目三〇

醫士四〇

醫生三〇

詹事府與翰林院合併

光28諭詹事府係沿前明官制名實久不相符即著歸併翰林院

詹事

少詹事

左右庶子

左右中允

左右贊善

分左右春坊設注修史編修文字

司經局洗馬　主簿（洗馬掌刊於藏書）

筆帖式六

皆以翰林院侍講學士以下兼任

翰林院 碑版大制作 修國史 經筵講書（一） 撰定文武（二）

順二以翰林院分屬內三院 曰內翰林國史、祕書、弘文院 15改內三院為內閣 18改內閣為內三院 國史院、內祕書院、內弘文院 廢翰林院 康九再改內三院為內閣別設翰林院如舊制

掌院學士 滿漢各一 大學士尚書侍郎中特任

侍讀—
侍講—
侍讀
侍講
皆滿二漢三

修撰 無定員

編修
檢討
庶常館教習
庶吉士
典簿
孔目
待詔
筆帖式
各分所
（庶常館）

編修國史撰文侍從進講

滿四十　漢十

滿漢教習大臣各一　[illegible]

庶吉士 無定員 翰院學士於進士中選拔 讀書 東院三年試居之
親修撰之職任 修撰編修檢討 共知事知縣 館內提調二員 庶吉
士第修撰院學士於編修檢討中任之 庶吉士試經初試試 同文略異
論 元之諸翰林院修撰於修撰宜讀學……」
典籍廳 典籍典籍二人 掌文書檔案 典籍孔目二人 掌圖書收發
待詔廳 待詔待詔二人 掌校對章疏文史
以上諸翰林院組織 以外孔目附屬各廳
起居注館 侍直朝會經筵謁陵及大典禮等 起居記其言動 一
月講起居注官 滿八 漢十二 翰林及詹事府官任
主事 滿二漢一 文稿

第六式 滿一の第二 清理

國史館

總裁 特簡無員

提調 滿二（內閣侍讀學士、侍讀為之） 漢二翰林院侍讀學士以下官為之

奏准各部由內院簡派

總纂 滿四漢六（滿由內閣侍讀學士、侍讀中書及庶科道中 漢由翰林院侍讀學士以下官補任）

纂修 滿十二漢二十二

校對 滿八漢八

一 每歲二月行之

（供事謄錄） 滿漢各六 滿內閣各部 以下副都御史以上充之

漢翰林院出身之大學士尚書侍郎內閣學士詹事少詹事

經筵官　均由翰林學士選官序補其侍讀勸裁　翰林文學侍從講讀

中勅選諸侍二人爲直講　翰林學士與直講爲撰設附講侍書侍講裁定

此後選定講學之士除對經史百家之書凡人儒經諸文章除巡乃國選正議

（三）翰林院掌内制九　而翰林撰文權一　批答四　四類文冊之　冊封冊誥文　封禪論祭

文

清之封贈
存者曰封殁者曰贈
五品以上誥授六品以下敕授
文武
正一　光祿大夫　一品夫人　封贈三代
從一　榮——　——　——
正二　資政——　夫人　——二—
謝[illegible]

從二　國子｜　｜　｜二　授官租多每
表為卿封下
正三　｜諫｜　脁｜　｜十　日
從三　中｜　｜　｜
正四　｜宗｜　華｜　｜六八
從四　相識｜　｜　｜　辭存牙[illegible]
正五　東路｜　宜｜　｜　加租多每
從五　東道｜　｜　｜

正六　承德郎　安｜　｜
從六　儒林｜　｜　｜
正七　文林｜　孺｜　｜
從七　徵仕｜　｜　｜
[redacted]正八　修職郎｜　八品孺人
從八　｜　｜
正九　登仕郎　九｜
從九　｜　佐郎　｜

九品
柳財孝才

又　楊本
才千八百

武官

正從一 建威將軍 振威將軍

正從二 武顯將軍 武功將軍

正從三 武義翼將軍

正從四 昭宣武都尉

正從五 武德騎尉 德佐騎尉

正從六 武略騎尉 略佐騎尉

正從七 武信騎尉 信佐騎尉

正從八 奮武校尉 佐校尉

正從九 修武校尉 佐校尉

世爵只准依現在一品均封侯爵等　其蔭襲孫以伯惟襲一品

其人不得只蔭其侯襲伯襲之後加以一二三之等級　子男

以下皆照抵當品級蔭襲降等　遞降之法

至一品以下官員封號與現任封贈之文官同以武官之六品

以下　其蔭無封

祖父乃現任官賜予本身之封典　祖父官小於孫者

方為恩典　其後乃始繼承其封號　其後即當詳更作於

封贈則例內所載核行者

黃馬褂、戈登 日意格 M. Prosper Giquel（見福州船廠）

只予以上者賞穿之

只予以上者有不得穿之

紫禁城騎馬 賞朝馬 賞用紫韁（入以上）如紫韁用之

賞戴翎

花翎 五品以上

藍翎 六品以下

三眼花翎 —— 皇族及有大軍功者

雙眼花翎 —— 王公大臣有軍功者

特賞人

單眼花翎 [redacted] 出使軍功 出使可擱

藍翎 —— 軍功 所以侍衛 然侍衛戴者（藍翎）

侍衛 亦賞軍功

巴圖魯　滿洲人軍功，上錫以勇號，如額勇、驍勇、搏奇之名。

將巴圖魯譯，漢巴圖魯莽賞，名世稱呼時尚剛。

墨爾根 [illegible] 異號以功名，意同之。

功牌　長方形紙牌，上刻賞字，給有軍功之將士，以積功得牌可。

按此又人今無此物也七

姓氏字彙

專為便外人學習中國語而作所以人

光七年有總理衙門奏請嘗任英公使威妥瑪所著依[illegible]

〇曰 Was. Wade 十二月該衙門奏錄全像例生策學成系為考廿

號等第一　帝王之後改

二　李耽王宗親國戚

三　古代大族等

二等第一　全權公使

〻　辦理公使代理公使總領事等

〻　公使館一等書記官武隨大員總領事官總領事等

三等第一　公使館二三等書記官、領事、公使館附武官水師

頭等參將及（海軍大佐）（陸軍副將陸軍大佐）

二　副總兵及水師二等參將及（海軍少佐）陸軍參贊

將（陸軍中佐）等

三等第三　清律京營將校（陸軍少佐）都司（陸軍大尉）等

四等　兵士及鄉兵

五等　商工人等

內務府　以宮律所掌凡侍御內大臣為之長職在左右管太監

- 總管大臣　特簡　無定員
- 內務府
  - 七司
    - 廣儲司　有銀皮磁緞衣茶等庫收藏御府諸用之物及各匠役之務
    - 都虞司
    - 掌儀司　掌上祭祀及宮中一切典禮　皇子公主婚嫁
    - 會計司　核估莊頭錢糧出納　管事宮莊園錢糧收支之事　選取宮女等事
    - 營造司　兼理　繕修宮禁及本衙門所司院　六庫東北兩司屬同營報工部會同
    - 慶豐司　牧牛羊供祭祀筵燕大典禮　皇子公主婚嫁
    - 慎刑司　裁判包衣　笞杖案件　徒以上咨送刑部之審訊
  - 二處
    - 掌關防處　頭　管飾宮殿　灑掃　管下處人等之延田西額黃門之勒董籍

堂郎中一

主事二

委署主事二

筆帖式六十四

（廣儲司）總辦郎中四　郎中四　內銀庫二人兼管皮庫磁庫　主事一

緞庫二人兼管衣庫茶庫

委署主事一　筆帖式二五　所管（銀皮磁茶四庫）各設　員外郎三　司

庫二　副使庫二　庫使？

（都虞司）郎中二　員外郎五　主事一　委署主事一　筆帖式二五

（掌儀司）郎中二　員外郎八　主事一　委署主事一　（果房）掌果副掌

果？　贊禮郎一七　司俎官五　司祝司香司碓主司鐘？　筆帖式二一

會計司　郎中二　員外郎六　主事一　委署主事一　筆帖式二五

營造司　直年大臣一　每年從總管大臣中欽派兼攝　郎中二　員外郎八　主事一　委署主事一　筆帖式二五　（木庫、鐵庫、房庫、器庫、薪庫、炭庫）各庫掌副庫掌庫守○?　（鐵作、漆作）司匠一、弍　委署司匠　（炮作）　直年大臣一　前從總管大臣中欽派管庫掌副庫掌庫守○?理

慶豐司　直大臣一　每年從總管大臣中欽派管理　郎中二　員外郎八　主事一　委署主事二　筆帖式廿一四

慎刑司　郎中二　員外郎四　主事一　委署主事一　筆帖式廿一九

掌關防處　郎中一　員外郎一　內管領二〇　副內管領二〇

以外所屬主要者如次

掌御廄事務 備上三旗御用馬匹
上駟院 兼管大臣特簡無定員 卿二 堂主事二 委署主事一 左司郎中一 員外郎二 主事一 委署主事一 右司員外郎二 主事一 委署主事一 阿敦侍衛二一 司鞍長三 副司鞍長二 筆帖式二二 醫師長蒙古三 副醫師長蒙古五

掌御用武器
武備院 兼管大臣同上駟院 卿二 郎中一 主事二 委署主事一 南北鞍庫 甲庫 氈庫 台 員外郎二 六品庫掌二 委署六品庫掌二 無品級庫掌二 庫守一四 以外有筆帖式二三

掌園囿
奉宸苑 總理大臣同上 特簡總理大臣員無定員 卿二 一由府郎中補 一由侍衛補 郎中二 員外郎四 主事一 委署主事一 苑丞一〇 苑副一九 委署苑副一〇 筆帖式一五

圓明園　暢春園　清漪園　靜明園　靜宜園

御茶膳房（内廷設尚膳正尚茶正等官）

御藥房

御船處

三大殿（保和中和太和）

寧壽宮……

文淵閣（藏四庫書）（注一）

武英殿修書處

御書處

養心殿造辦處

御鳥槍處
總理工程處
官房租庫
咸安宮官學
蒙古官學
景山官學
回緬官學
長房官學
盛京內務府
官三倉直年

三旗包衣驍騎營
三旗包衣護軍營　參領衙門

府屬文官銓選由府屬房郎中主事等掌之武官銓敘由都虞司郎中員外郎等掌之不由吏兵部（其等銓敘皆擬定正副由內務大臣奏請引見然亡後補授惟其長為王大臣者由王大臣自具奏請引見補授不必經內務大臣奏請

府內務府之各管衙署亦由府屬務　會典云凡太監之比例律以治之種事如以等　其附條列記惟云賭博竊盜鬪毆酗酒失火逃亡擅宮殿內擅動食刀自殘干園庭等

選取宮女由會計司掌之　凡該管宮女於本人自以名報于牙行召募

太監等行一　分別振金銀、、　、令同掌儀司監視本人（內掌儀司照看
稽察人也　　宮女年老由本司奏給執照使回原
領太監交再給看並候交（驗學）付宮殿監稽
籍　王公家宦官亦安保姓名年籍籍冊報府（凡宦官出以內人為多）
宮女每年使三旗佐領管領保奏學察家內女子十三歲以上者送本司
由本司交宮殿監轉傳御常領該管帶閱看留宮之女年至二十五歲
由本司咨大臣家

注二　撰掌閱事一　從內務府大臣中派之　領閱事二　滿漢大學士協辦
大學士翰林院學院學士中簡之　直閱事六　滿漢學士、詹事府少詹事、司經
局洗馬中允贊善、翰林院侍讀侍講侍讀撰修編修檢討等兼之　校閱六　滿漢
科甲出身之內閣中書兼之　其各部司員亦可　其帳式の

宗人府掌皇族譜牒封爵封號謚號旌表賞卹議處議敘（一）考覈（二）裁判（三）等事

宗人府宗令一　親王郡王中特簡

左右宗正各一　親王郡王貝勒貝子鎮國公輔國公中特簡

左右宗人各一　貝勒貝子鎮國公輔國公鎮國將軍輔國將軍中特簡

府丞一　府丞及漢堂主事漢人進士出身者即可任之其他至筆帖式皆以宗室人員任之

經歷司經歷二

堂主事二

漢堂主事二

左司理事官二

副理事官二

右司理事官二
副理事官二
主事二
管理銀庫事務二 命本衙門堂官或欽派滿洲大臣監理
理事官二
筆帖式二四
(二)限無兼職者 兼文職者會同吏部武職者會同兵部 額駙同 嘉慶
會典卷一議敘軍功宗室由府會吏兵部覺羅由吏兵部會府
(三)王公子弟未受封及已受封而未達丁年者每年四季之孟宗人府考試
騎射步射次滿語 每屆孟冬又有欽派王大臣檢閱 此時不僅王公子弟鎮國將軍以下

亦典

考

（三）宗室覺羅訴訟歸府　右民訴訟宗室則府會戶刑部覺羅則戶刑部會府

罪輕則折罰（例議處無者罰其養贍銀）有品級者照官吏降級罰俸重則責懲而加圈禁　枷徒軍流以上之罪以板責（打手心）圈禁代之（宗人府設有空室）罪大則奏聞候旨

（左右翼宗學）專教宗室學生

總理學務王二　左右翼各一　府奏請欽派

稽察宗學宗室官三　[illegible]滿漢尚書[illegible]內奏請欽派

總管四

副管十六

清書教習六

騎射教習六

漢书教習八

（八旗覺羅學）專教覺羅學生

總理王公八每学一府奏請欽派

稽察覺羅學京堂官八每翼四就滿漢各堂屬奏請欽派

副管十六

清书教習十五

騎射教習八

漢书教習十五

後妃

(一)皇貴妃　(二)貴妃　(三)妃　(四)嬪　(五)貴人　(六)答應　(七)

常在遞次升進　后即由皇貴妃選

皇妃嬪之入內　每三年戶部擇八旗[illegible]

俟資格其女子之年歲　在戶部奏聞　初選　再選[illegible]

[illegible]

凡在八旗年歲　滿[illegible]俱備以上　[illegible]

帖氏戰後所以婚後出　抑若又寓有可知所以出　戰後者皆

上者　可十歲　以為備且爾

星胡為節稱[illegible]枝[illegible]族者及其人之父母—戰　親[illegible]父

母之兄戰之母之妻—生本人（宮與婿）　于是戰者入口

皆戰為始婚以去宗室　戰後記名—[illegible]如母之婿園　不

識名並許本宗之[illegible]族

婚園所名[illegible]好事　都待者須結須及其人之父母族者皆父

識知

大信宮使安　宮例以三旗包衣借逐每年使包衣給銀兩作

奉諭其餘為子女子弟十三歲以上外借白無逐肉務附合計目

宮殿侍皆修緒奉禁銀之以為逐所入逐等宮站計二十五

歲仍照此例子給始

以上凡是新給等數奏給其二成　嘉元年條十條合無寫名七

六　中辛祥緣色一〇

勉奉包衣為新傳傳之又　入閣前凡命印嘉郎之秘傳

此皆以顏色別其屬，其三旗皆以同物爲顏色，旗上畫物爲旂

屬下三旗皆以物，蓋王謝皆以爲標

宦官

清家內務府　順十年六月諭陳華儀順凶二十

……朕酌古因時量為設置首為乾清宮執事官次為司禮監御用監內官監司設監尚膳監尚衣監尚寶監御馬監惜薪司鐘鼓司直殿局兵仗局滿州近臣與寺人兼用各衙門官品雖有高下寺人不過四品凡係內員非奉差遣不許擅出皇城職司之外不許干涉一事不許招引外人不許交結外官不許使弟姪親戚暗相交結不許假弟姪等人名色置買田產因而把持官府擾害人民其在外官員亦不許與內官互相交結如有內外交結者同官凌遲處死部科道糾參借賄一并正法……

聖祖誅內監吳良輔廢十三衙門　立附家內務府之敬事房從宦官中選總

爲副總管使爲理屋官　乾七定宮中則例有云惟宮内監處、職以今爲四品
於是再不加至三品以犯罪特往事無（見孫詒讓周禮政要）
宮中設敬事房：：　〃〃又設一定碑制
宮殿監督領侍
宮殿監正侍——又有四品總管太監之銜
宮殿監副侍——有六品副總管之銜
執守侍
侍監——又有首領太監之銜
大餘有副首領等皆武大監等
皆從宮中選拔

筆帖式
滿漢書字人即書請安聞奏　尚勝人入官之一
途

亡使

間以三四品將軍及侯相侯遣送孫稍印為剗略之

偵緝衙門之職員

中軍副將　即緝標司令官統屬中軍營務處也

巡捕　文武巡捕係衛衙內及文案委員備供差遣之職

戈什哈　隨從侍也侍左右

文巡捕

監印委員　係公文封發隨牌

收呈委員

督標　撫標　提標

如另練營以總督巡撫提督直轄者

標以撫提督所共出兵以親近督戰

總督例以總司令各地之綠營

本路使司歲會計數冊內精撥云云覆核年課條例送戶部　又

別繕黃冊以備御覽

本路經費代及精撥錢糧數稽查虧欠並成上奏

管內戶籍亦同調查報告戶部

藩臬兩司上奏

除謝恩外不能專奏惟可兩司會銜參奏劾督撫

布政司補助者

庫大使　各省皆有

經歷　除湖南外皆有

理問　直隸江寧蘇州江西浙江
　湖南陝西雲南八省各一

都事　河南福建
　各置一

照磨　山西福建浙江湖北
　甘肅四川廣東各一

倉大使　安徽置一

按察使副使

除兩直隸山東山西河南江蘇江西福建浙江湖北陝西四川廣東廣西雲南有之　各二人

知事惟江西為一人

經歷惟安徽福建浙江湖南甘肅四川廣東有之各一人

司獄各省皆有之　一人

濤啟

鈔有濤運糧措置一事亦難大法令無司　凡濤所乞等指濤運糧措置所有

以糧俟逐季同之於所以營糧同知留運判分治之後條具逐州

糧客總其成于巡按所啟同也

三河道總督

直隸總督兼

直隸

山東

河南

别由欽命

光二四廢山東 河南由巡撫兼任 東河復 二八又廢

長蘆兩淮鹽政

特派給事中御史以一年為任期由都察院奏列請任亦不用內務當差

命內務府卿員司員兼攝蓋緣兩淮鹺積萬分

長蘆鹽運使員缺任運

山東——

[redacted]

兩淮鹽運使　則有江南淮揚道

兩浙鹽運使

廣東鹽運使

長於兩浙江淮兩蕃望族之人　蘇昌以兩縣附郡縣陸中位　末

年以來錢鏐據有吳越兩浙江南據有兩浙

兩浙及南唐兩浙則一境跨浙江山越之南唐兩浙則兼據之

稅關

特派某交　以其地駐在將軍總[illegible]督處　即命兼攝兼理海關（如江）

如蘇撫兼攝江海

撫閩如浙撫　兼理總大綱々請兼攝各理事務各制別名

規定之如江海關蘇撫兼蘇松太倉道

關道為海關事務全關稽徵外國人予道員不過監攝之名而已

全名而已

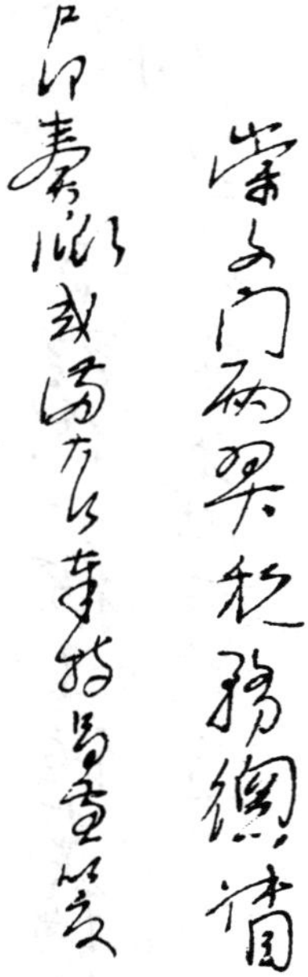

久闕瞻晤　除授軍情機宜當並[illegible]啓　以報前差使

某拜　如江寧蘇杭總[illegible]覽

情及乎報與議成他內務附同另人將問

整理

大綱的些擬　要當更以整理為總綱

邦字改
直[redacted]簡撰諭　來示中　翰林院侍讀侍講詹事府中允
贊善中書請修之　俟省再列編修檢討十名送
七大臣之为古參部中書十名請修　六部以下進士
翰林侍郎　皆之七品章京特旨修之物

兼有驛傳事務

清初直隸以按察使兼管，外省以糧道或鹽道兼管。

乾隆以後以分守分巡等道管，而各府州縣分掌之，以按察使總核。

其下係

督糧道　糧儲道也　有糧省為糧儲　江南二山東河南江西福建浙江湖北湖南廣東云南貴州各一　因裁都布政使兼道者有廢之之議

湖南廢之并其事于布政使者十一三

鹽法道　闗于鹽務有鹽政者下有都轉鹽運使與鹽法道　設

有鹽務事多之地方如長蘆兩淮別置運使則鹽道裁改稽核

以督撫為管之地則不置運使之鹽法專之

以鹽法道與茶道爲一者，若在鹽與茶道。

河工道（或名河道）爲守巡二道兼設，則稱分守、分巡。山

兼水利者，曰水利河道；兼兵備者，曰兵備道。

右各分道，總稱衙門之下級官廳，而與直隸州府居於相等之兩種。

凡有特種事務之道，名爲所屬特種機關之道，則稱其何道，如知。

歸併道　分爲守巡二道之銜，實則守巡二道乃大官所附。

兼兵兼併後事務，可按察使總其成，不問其名，此其所以宜之也。

海關道　亦常由分守分巡二道兼之，至咸後以天津始有專員

兵備道　亦略由分守分巡二道兼之，至咸後

屯田道　甘肅之西寧等設之

茶馬道　特設于甘肅

特別稅務如鹽法道、督糧道兼理稅關道者兼理稅務

補助者如道庫大使、倉大使、倉庫大使等

遂附以下者　篇首缺　首缺　中缺　簡缺　並篇尾、脱入者

篇　初選為簡中錯乃脱文

何稱之字缺、三字缺二字缺一字缺無字　即衍奪殘缺之字至無

順天府

兼管府尹事大臣一　漢人　以各部尚書侍郎兼攝

府尹一　以下官缺俱漢人（蒙旗別有京廳）

府丞一

治中一

通判一

經歷一

刁狀一

府學教授的陞俸一

教諭陞俸的

順天府尹特殊之職權

(一)對於輔助京師之無窮案件——及其京師——如若何京案要案內核查印
將其本件案內報告奏印　對於縣屬州縣則與直隸會同核辦
府丞廳之各升生單之籍於一般知、以其權限歸順天府同知宋逮府尹之務
僕總督與之協議會同報告總督院　八二〇　參照事例
其縣及京屬州縣——隸順天府尹與直隸總督之奏

(二)院以上則以速之順廳　本省撫部院儀奏報部印　後以下前
司與各府知總督情與直隸印　上、告重僻事宜與總督會同轉其成待報印指
會議行文

（三）川乃天府，西控巴蜀，後起及今猶據　壹心協力治司　四海承平，地殊生產

而治後，　、達格稽之　之今日　開墾重定，經核户口

算賦田畝，川為府尹常不能治理，民困賦出，納何財，可稽查，核總其成　上失

西千乙卯　卷三

三

知府補助官

(一)同知　皆有專職，不例恒設之職，各種職務，大別之，可分為五種

(1)掌緝捕盜賊者　緝捕　河捕　捕盜　總捕　清捕　督捕
軍捕　糧捕

(2)掌儲藏軍餉　清軍　督糧　理軍

(3)專鹽水運　鹽政　河務　管河　水利

(4)防禦河海　江防　分防　海防　河防

(5)撫番族　撫民　撫番　理猺　理苗　理番　撫猺

(6)理事同知　多設八旗駐防地方，判定旗事、旗民詞訟，亦命兼

(二)通判　分職略與同知同　限滿人，然年實授漢員多有已

同知通判，有在府者，及分駐管內衝繁之地一二種

(三)府經歷

(四)府知事

(五)府照磨

(六)府司獄

(七)府宣課司大使

(八)府稅課大使

(九)府倉大使

(十)府檢校

(十一)府庫大使

(十二)府茶引批驗所大使

租税例由州縣徵收，直接撥作撥除後，存儲經費，送解財，撥除經費餘

送布政司。大清會典及他諸書，所載收税者附加税。乾隆

由州縣徵收，送解財經費外，直撥送司。蓋何長官以營業與實利

是也

直隸州知州

皇朝通典其所治州即以知州同知縣之事

直隸廳

直隸州皆有領縣，直隸廳除四川之叙永外皆無，其與知縣異者也。分巡、分守道對上有若督撫，權對直隸州上，分巡分守皆管轄。

廳

如廳置同知通判為其長官—乃正印官与知府之補助官之同通職名雖同實稍別異—然其從海防撫民等名目別之同

補助官　經歷　照磨　知事　司獄　巡檢

系始

無究字及羣天心徵

知縣補助官

縣丞

主簿

巡檢

典史

驛丞

閘官

課稅方法

河泊所官

倉官

州之補佐官

州同

州判

吏目

巡檢

驛丞

閘官

佐貳 雜職 守領

各府之佐貳有治中通判 外府之佐貳有同知通判 直隸州之佐貳有州同州判 散州之佐貳亦有州同州判 各縣之佐貳有縣丞 外縣之佐貳有縣丞主簿

布按兩司司獄府廳之經歷理問都事知事照磨等 與州之吏目縣之典史 謂之首領

布政使鹽法道運鹽茶道之庫大使 布政使道府之倉大使 府

州縣之稅課大使　按察使府廳之司獄巡檢等　謂之雜職

或并稱之者曰佐雜

上自督撫下至州縣胥吏皆分吏戶禮兵刑工六房 此外有承發房

其稿房一掌文書之往復一掌文書之保存 又有總書房總催

房共掌錢穀之事

土司官——土州縣官應通

因無子女應於族屬內揀選承襲　該本司

若將擇其嫡子收撫　于本年仍將本印務暫署　候代轄其承襲之子承襲年

同姓遠房其宗族子隔遠者　其次隨照　於嗣者揀選　遠本印　承繼揀其分例

承襲

無子承繼其妻女者……將本司印揀選　照舊

承繼其納中揀選其夫之族中人代理　承繼其子十五歲承襲

土司湖廣四川廣西雲南貴州等處

土官有文官土司郡官始含典史巡檢　隸吏部驗封　武官屬兵部武選司所掌

土官有　一等從土司僚曰諸蠻民

其授職則爲千戶土官　各按其俗　宣慰使等名目　然實爲其土官之二品　其職知

宣撫同知僉事同僉事等

其職稱有如印務一等所設大小世代相承　千戶　副千戶　百戶　長官

司長官副長官長官司吏目同知等名

新修府志

協辦　總辦　會辦　幫辦　提調　分纂　修支　總辦係候補道　提調係

候補府　分纂收支係候補縣

皆由上憲為差使

缺兩江學之

善後局　湖北兗州以釋後浙江之此亦達之所名諸之　局中諸公皆與唐鴻年

閩　總辦道之

支應局　牙釐

釐金局　皆督撫札委紮營者有多所

金陵機器局　製藥局

金陵火藥局

江寧鑄元局

金陵機甲局

糧捐局

洋務局亦有或稱交涉局　与某江商約國係事交涉事

商務局

海揮局

官報局

工程局

籌防局

團防局

軍械所

洋務處　劉坤一以總辦興辦洋務設總辦藩司會辦道員

營務處　沈之同設營務處特派藩司道總辦候補道員會辦知府提調

東三省

盛京軍政　盛京將軍副都統如駐防旗務

民政　五部衙門旗人　其下轄民人奉天府尹及各級道廳州縣

吉林　以駐防將軍副都統轄道廳州縣

黑龍江　但置副都統　二直隸廳

盛京官制

順治元年以盛京為陪都，以內大臣為留守——令者戶部之，象昌為內大臣兼為

順治十五年設禮　十六年設戶工　康熙元年設刑　三十年設兵　每部設滿員者有

一人以總其事　自康熙以來，即以侍郎為長官　于部名稱上冠盛京

字

凡旗人及旗民交涉之訟詞案件

順之官，八旗有制，所重在武，如治民事之有司設館，所轄甚少，不足

如未曾設立者，則以為規準

都盛京將軍設遣同副　順治十年設奉天府尹設　府尹　佐貳　教授　訓導

籌府二語前至通判 俱半 旗缺 及外省滿缺要……

乾三〇行來盛京將軍兼管府尹大臣到是職居五部侍郎中之人更兼

以其無機關不能爲之 除京制特定改屬政府外 將軍管旗人 府尹管民事

五部各以其職校 始得改良制統一 乾〇諭 將軍與府尹大吏彼此不得侵冒

將軍屬員亦多全責 雖將軍節制旗民兼轄統一 一切難理不至奏參 未幾

嚴將軍兼管府尹事務 而五侍郎之一人爲之

盛京將軍與綏陽直隸他將軍同 對於地方民無權力 即同年 又旗人衙攝

兩有勢力 亦即中立之 五部勢力則本將軍權限也

光二諭將軍兼管奉天府尹及人民 兼州縣事 奏准 上從之 此制以後

（一）將軍　本與五部府尹並立　今宗室各列二卿（二）更兼奉天府尹事務大臣
仿直省總督例加兵部尚書都御史銜　總轄旗民地方軍務仍兼理權
的（三）
（四）就侍郎各列六部與正卿事務並重　卿中兼此一節　侍郎何以異焉之
卿以侍郎與將軍一同名重而安之卿監理事務與尚書一同矣　然官將
侍郎盡該書已
（五）于是若統防將軍加兼各總督權限矣　然軍事民政與府尹同行寢
將與總一同可也
（二）府尹　本專掌旗人外一般民政　旗人案件歸各部卿權之　于是加二旦

衛尉卿副都御史以總督兼管旗民事務與將軍協同辦理一省之政務

呈布印 權輕將軍所用權重矣

（三）正印 協辦民事件佐領以上副印同審理之

（四）州縣 處理旗民交涉事件例應將軍之屬官城守尉等會同辦理 城

守尉在旗人 人與同知通判及州縣以理事衛條等一切案件 推審賊

巡捕旗租佐領收似屬城守尉

盛京將軍兼右印方右都察院右副都御史——副都統——城守尉——協領

兼管理奉天府事務兼管奉天府之

平總督奉天旗民地方軍務並

理事官

吏部衛門侍郎

李天郎里之出銜和喜發名
本以翔御史以榜
道
盧八姑州
直姑庇
姑
姑庇州

左天尉尹

直屬尉尹事務大臣 一處各將軍書

尉尹一局

尉政一課

總中一課　共識總處各城內稅務書未辭以送

理本通判一局

經歷一課

司稅一課

尉之門路僅及一般人民　旅人尉將軍管轄　將軍管旅人以與將軍之流

榜　從一般人照舊本日榜也

應以下究問公事施行　以上刑部主簿檢詳判官　於審刑院主簿任判詳官

國家刑部於審刑之上也　刑部判官

掌諸路州遣奏案具奏覆斷事段

州縣應出支遣錢物係付州縣郡之數及安定府忠州路（二）之二團營寬之廣段

一道陝西京西河北四路並通判屯重錢　凡城外分巡東西兩路並京東西路外發差

但舉出徒分巡兩浙並江淮提舉轉運判官（為上）兩浙路之北西路按察轉運判官

指諸路一名刑部出場管理

（曰）大都督一依前例二團營寬廣大漢日團附　二府出京轉運分巡路分發遣

鑒督
州縣底冊均照原本影印比有難於附此云云云云實有過遠原本影印
初盛各地方各條實一般人民族民族法制記事件之結合 之二系以所以不宜
盛加理本衛附族民間資料理
芬謝不該凡凡立好底修地簽一冊□安東定向二方 以切便通代之後應無
各底

盛京戶部

（戶部）

侍郎一　經會司郎中一　員外郎二　主事一
糧儲郎中一　員外郎二　主事二
農田司　—二　—一
銀庫掌關防郎中一　副關防一
掌[illegible]　掌主事一
司庫二　五關庫守掛一缺　筆帖式六品官二　筆帖式二十一
防備人

一般租稅爲花戶錢糧，由戶部 官莊及旗人田地除盛京戶部并撥交

莊地爲官莊莊園 承種棉花煙草花藍等 皆以莊頭管理 於城附即奏請

簡派下級令自徵收其不徵收者即由其本級徵之齊

旗人田地糧稅 由各協領城守尉等收 協領城守尉與佐領防禦等統轄等

分任徵收

盛京城內牛馬稅落地稅牙帖等雜稅及房屋稅牛尾網紙張等之中江稅由部

直接徵收

以前將軍衙門及印務衙門雜稅由司請中央之印補助以充稅中江稅等加附

入

據人户婚田宅訴訟須干刑部裁判

禮部　侍郎一　左司郎中一　員外郎二

右一　一　一　一

掌主事一　主事一　六品二　七品二　胥長の　書令史十二

均以前人

吏部　書省兼務　戶部侍　侍郎一　常主事二　右左司郎中二一　員外郎二二

主事一　已闕條左檢務二　書令史十二　均以前員

刑部　書省兼務　都戶部侍　侍郎一　刑部尚書二　主事一　郎中二一

員外郎一二二　主事一　一二一　刑部狀二　司庫一　書令史三　書令史廿一

蘇州十八年壬申前後若干二人備告爲人

（甲）國朝旗人犯罪，由步軍統領拿獲者，步軍統領送付步軍衙門刑部會同印侍郎等大臣

呈擬請旨題

（乙）旗人民人案犯在京者交付步軍統領衙門比照刑部例辦

（丙）旗人與民人犯罪　若在京由衙門所在地六千里以内照例審擬

殺傷盜竊等會同地方官審擬　六十里外地方官直報京部由部審擬　殺人

者議擬流徒犯及應人解送刑部尋常犯徒及枷杖地方官審之，無自定再報

卬

（丁）盛京奉天柳條邊外旗人民人犯罪　若旗人對旗人或民人對民人犯

批　待特甲戌年五月內戊戌大侍從官出身未入去辨蘇吏部印押裁判

如係指射比擬事所屬尹々　之數財迄翻餘奏牒相具狀指揮節

（此）私案人今比照特旨及附甲令審判

吏部侍郎一　尚書二　左司郎中一　右司員外郎二　主事一

司兵房令一　兵房令一　提庫司庫二　書令史十七　書令史中書備本

一路諸司備

盛京副都統

凡四

盛京城内

金州——旧曾屬奉天將軍營

興京

錦州

共下各城守尉八 協領十の内水師一 防守尉三 佐領一二九内水師二 宗室二 防

驍九の内水師四 驍騎校一九九内水師八 統轄各處海城鐵嶺及岫巖

吉林官制

初僅西北一路之旗理事同知　其旗務以及各協領佐領等任管理之事　至
於[illegible]　大抵[illegible]　與[illegible]
光[illegible]將軍係兼轄　設廳所佐領以華文　升吉林廳為府　改長春廳通判為
同知　改置吉林分巡道以管轄各府州縣廳
十一年以將軍希元之奏　升長春廳為府　設農安縣隸之
此等改設廳州縣之吉林將軍管轄
吉林將軍

劉衛辰

去[illegible]　章古[illegible]　伯[illegible]納　三性　阿[illegible][illegible][illegible]　[illegible]春

以上

[illegible]姓[illegible][illegible]　[illegible][illegible][illegible][illegible]　[illegible][illegible][illegible]以下武官

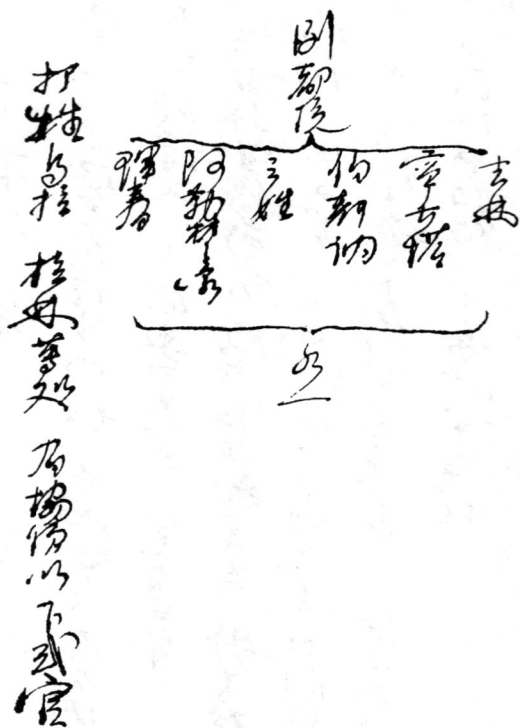

黑龍江

呼蘭綏化二直隸廳理民同知改以別駕府銜

黑龍江將軍—壽山

副都統六
- 黑龍江
- 墨爾根
- 齊齊哈爾
- 呼蘭
- 布特哈
- 通肯

將軍衙門 主事一 理刑主事一 管庫主事一 筆帖式十二
分駐防 筆帖式二十 繙譯筆帖式三 官品分二 蒙古筆帖式二 皆
倉筆帖式六 皆七品以下之
以上載刑部則例，据舊□等年分奏 以上所列皆七品以下改爲
此等處係分別治

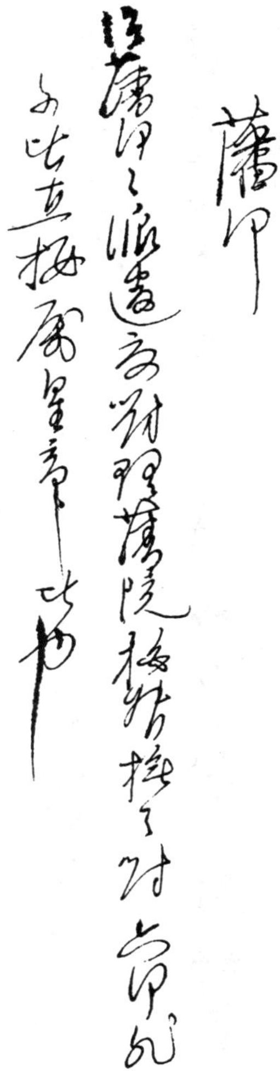

内外蒙古

今旗之上合旗之盟 盟皆以今盟地稱之 如哲里木〻〻

自 如卓索圖盟長——每盟長由理藩派遣官審其才以授

可分為 自治機關 政府所派

旗有旗長 盟有盟長 為自治機關 旗長下有扎薩克副 以協理台吉輔之 管旗

章京副 副章京 參領 佐領 驍騎校等

派遣者

熱河都統 内地人來蒙古墾者 亦立州縣 攸歸所設之廳 直隸設 附于熱河

都統于一切民務應與大臣會議具奏人員銜　闔民務亦應由理藩院奏文之
理事理刑二司員缺分掌備裁
察哈爾都統　擬照寧夏之　請旨簡員與大臣會議　寧夏府以北道　洮字
以張家口以外之隆諸多操種田地歸宣屬之北道及都統等兼理所裁者另議收
租稅
都統至阿爾泰軍臺處　阿爾泰軍臺均歸駐紮大臣管轄者即以內地至阿爾泰
山地方及庫倫烏里雅蘇台等處軍臺均歸該處駐紮大臣管轄　送文部議
交督撫隨時稟理藩院
山旅行者另出具結
綏遠城將軍　闔民務與山西巡撫會議

定邊左副將軍（亦稱烏里雅蘇台將軍）其下

（子）定邊等地方參贊大臣

（丑）烏里雅蘇台參贊大臣二 一由中央滿員 一喀爾喀貴族

（寅）科布多參贊大臣及幫辦大臣

定邊左副將軍下副將軍之人，以喀爾喀之四盟長為之，三月一調，互相交代往

在定邊將軍統轄

庫倫辦事大臣二 一滿〔蒙〕大員內選 一喀爾喀札薩克內任 四盟興安守 僅轄劉一特部辦大臣

車儀汗 恰克圖有辦事司員一人

喇嘛　有內用蒙古字者　惟于喇嘛上冠以札薩克三字　中央及將軍衙

蓋謂之為札薩克　敘乃專任人無異凡　凡喇嘛之轄衆者今俗其本為

札薩克

札薩克之正名曰阿尔巴圖　喇嘛之正名曰世畢那尔

回部

下級行政機構共分為自治及伯克機構之二種

（一）伯克　回民首長之總稱　凡二〇〇　分回部內若干城若干莊設之　三品至七品　史

各城大臣奏請簡放　以下　由各城大臣揀選補用　年終彙奏（非世襲）

伯克乃總稱　職名（各官職下皆附伯克二字）

阿奇木伯克　總理城村一切

伊什罕伯克　副

都監僧官　首僧者
監新府僧官　掌租税（亦稱商僧官）
瓦里僧官　掌管寺田園各處之租記
頭僧官　分理千人
玉西道僧官　百人
出家者衆
（二）札薩克之　同少者略同[illegible]名籍
服役
（一）伊犁將軍屬都統　將軍在東遼城[illegible]各[illegible]

大夫 右以釋後二人

(二)參績大夫 一人參績將軍軍務司城 廿卅孫奉攘子巴(?)將名高什奮之

(三)修隊大夫 初以秋(?)作七田為右八騎 旗(二) 主李倫(三)偽伯(三)郭(四)虜乃部(?)多精(五)五隊指以

大夫後至攻擊隊上遣以接族名為李修修隊大夫 (一)攻(?)碎擊 (二)姓(?)拓

名也將之 (三)從庶子濟渤(?)之蔡 (四)從公什 (五)從士將虜

(四)駟車大夫 九級 華子先 紀聞 將什高將 庶長 將渤什子 時

公書 阿三蔡 公什 將虜

(五)掾騎大夫 又稱摯騎大夫之稱掾騎大夫 名從 公什 共華子先 將

什高將 紀聞 亦稱摯騎車大夫

（六）都候此都候　又名未詳乃又為川陝營為兵馬為節制

西藏

達賴班禪下行政機關大別爲二　(一)班禪喇嘛之衙民政吏——唐古特之　(二)至喇嘛行政者——喇嘛之　會典事例等皆不詳其梗概如左

(一)唐古特之噶廈

噶布倫　定員四人組爲合議之之會曰噶廈其在駐藏大臣監督下總辦一切川

改

仔琫　管理財政之廳曰商上掌事務者有仔琫三人以噶布倫一管之

商卓特巴　員二亦商上之事務者也

葉爾倉巴　專司公商上事務之事收稅

郎仔轄　專司掌道路

協爾帮　專司裁判之事

碩第巴　專司布達拉一帶警察

達琫　專司掌馬廄

中譯及卓尼爾　大中譯二等卓尼爾三　小中譯三掌度支書記

第巴（營官）　營長之職西藏十七八城地等達賴佛付授國政分別一切地方之事

稱為巴　第巴以上各加職名各司其事第巴司法第巴

右為文官　武官則戴琫（代奔）（代本）如琫　甲琫　定琫……　地方兵

理之不易也　學者大學之中學者少學者……誠哉亦不易之

學者之歸之史之通行之意同

（二）喇嘛教

喇嘛僧人爲之史甚多（依余所以上唐古特之內亦有以喇嘛補充其指適例

爲以此喇嘛之歸其補習）

喇嘛之盛以爲前上及蒙古之事務者此則爲藏中喇嘛之國　以藏亦爲藏肆喇

嘛　嘛教者喇嘛　章尼之喇嘛　藏中喇嘛等　皆其僧侶外以治事務

唐古特者與喇嘛　今之史爲清代之史　從各處見與其族　不以宗教　亂其元矣

上論

西藏藏營官缺出者　駐藏辦事大臣會同達賴喇嘛以揀選補放到該處

僧俗堪布等遇有缺出……會同達賴喇嘛於應附之人內擇其能事者召

赴任已後……奏請補用俾昭核實……會典事例 七の一

二　以外大寺院住持喇嘛——藏語謂之堪布——由達賴與大臣會議挑選補放　會典五

因各大寺喇嘛每缺出三至七品之級

從選舉

駐藏辦事大臣一員辦事大臣一員三年一代　同知筆帖式等人

又從此內同知通判知府等額外官以揀錄三人　駐　拉薩　扎什倫布　阿里

為種屯牢隊食計者

秋風七路一一一更札什伍者謝猶之一條，兼知種戍方以難理，每日所食穀粟

地方代雜以錢，旋生來論之，今種戍大以手，以迹之，便於材射者，以隊復樂，全集（旁注：末附）

七〇

一

宗例從乙付律武內將遊搭配之都司　一等備三千騎二把總四部者八百廿六

〇六分種番戍營　又令殘部以下武官以上一七八二分防守，打營性子營城一

陣地地　共二十五兵（步兵馬兵）三〇〇〇以戴韓以下武官領之　成國方以節制　五

六日共長陵方以親信團共六兵

御門內營務多係屯守　一所多係瞭望事，一以步兵為往後

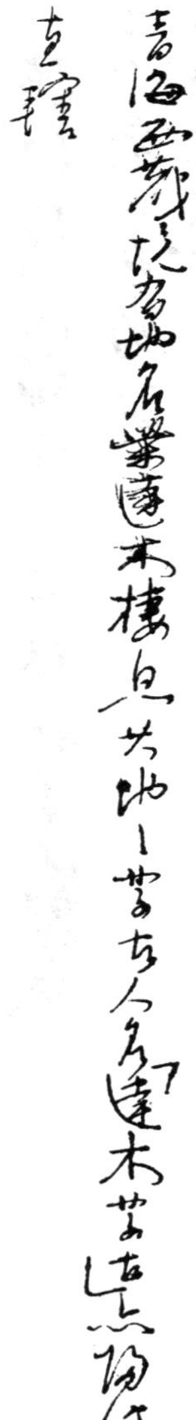

領侍衛大臣　內大臣　散秩大臣
一二三四等侍衛
二等藍翎侍衛
八旗都統　副都統　駐防將軍副都統
參領　參協領
參贊總
參總貴
參佐領　參佐協領佐領
參校　參防禦　參守備

儀營官

正一

從一　提督

正二　總兵

從二　副將

正三

從三　遊擊

正四　都司

從四

正五　守備

從五　守禦所千總　河營協辦守備

正六　門千總　營千總

從六　衛千總

正七

從七

正八　外委千總

從八

正九　外委把總

從九　太僕寺委署右[illegible][illegible]　額外外委

行走

右一字爲緣，乃至仍爲總理事務衙門行走　南書房上書房樞直勤殿軍機處章京

處皆行走也

加銜

三太三少　太子三太三少　詹翰戚九內閣典

尚書總督　左都御史兵部

漕運河道總督　右副都御史兵部侍郎

尚書巡撫

內閣學士　禮侍

四譯館同館學習　鴻臚寺少卿

尚書學政　同——　館選士舉　翰林院編修　檢討

稽察

內閣六部理藩院會同衙門通政司順天府各寺道

宗人府

內務府各旗

中書科

兩翼宗學八旗覺羅學……法及稽察文此科會廿

御史稽察之

宗人御史

滿洲御史

內閣學士

正文

經筵講官〔一〕　日講起居注官〔二〕　文淵閣領閣事　文淵閣提舉閣事　文淵閣直

閣事　文淵閣校理　文淵閣檢閱　武英殿　國史館　方略館　以及各

館之總裁官副總裁〔三〕總纂官協修官提調官纂修官校對官收掌官翰林院[illegible]官

出納書官

〔二〕翰林大機大學士書侍

〔三〕大學士翰林院掌院學士侍讀學士侍講學士侍讀侍講

〔三〕按以大學士兼翰林大以尚書侍郎兼之總裁副總裁　以下詳見內閣條下按語

翰林院等衙門相當之官吏見之

若委

如前學說封建集權之說甚爲溯望政等皆是

云

渤海初年爲制

使州道出上行　又 208 219

清爲制　又 529—538　又 715

又 453—512

然惟爲

又 365—389

制度

明兩直隸十三布政使

康熙元設安徽巡撫六年設江蘇巡撫安徽兩布政使

目

湖廣分湖北湖南

陝之陝甘分

各省之總督本非設官

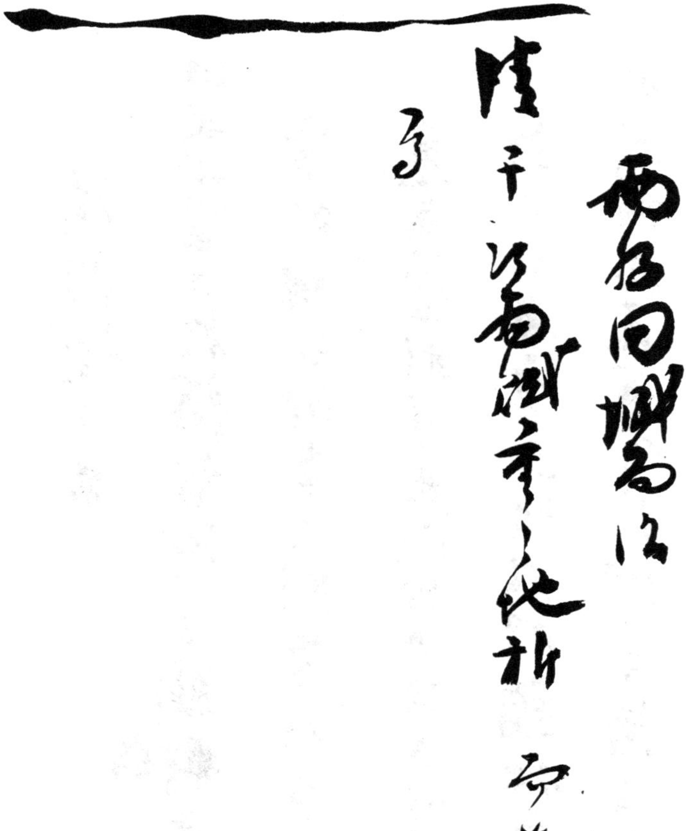

禮

清朝儀注考

明史禮志大朝儀贊禮唱鞠躬大樂作贊四拜興

常朝朝罷御奉天殿常朝官一拜三叩頭謝恩

見辭官於奉天門外五拜三叩頭　清會典大

朝王公百官三跪九叩頭他朝儀亦然

明史禮志凡百官於御前侍坐有官奏事必起

立奏畢復坐　清則奏對無不跪於地者

官

同通判缺

光緒廿七年劉坤一張之洞會奏變法事宜　查各省皆有同知通判，所司清軍捕盜水利等事，久成具文，亦可裁。今之通判當亦名通判，或名分判，明曰推官，皆兼管獄，因訴訟故文人稱為刑事，俗人稱為刑廳，擬請著為定章，每府即派實缺同知等司稽察各屬監獄之事，同知不同城者，則派同城通判每兩月偏赴所屬州縣稽察一次，同城兼有同通者，兩員分任，各稽察一次。

諸羌唐時有部落[illegible]
惟党項頗有事迹[illegible]　[illegible]
以後　[illegible]
[illegible]

[illegible]
[illegible]
[illegible]
[illegible]
東女[illegible]
[illegible]
[illegible]
[illegible]

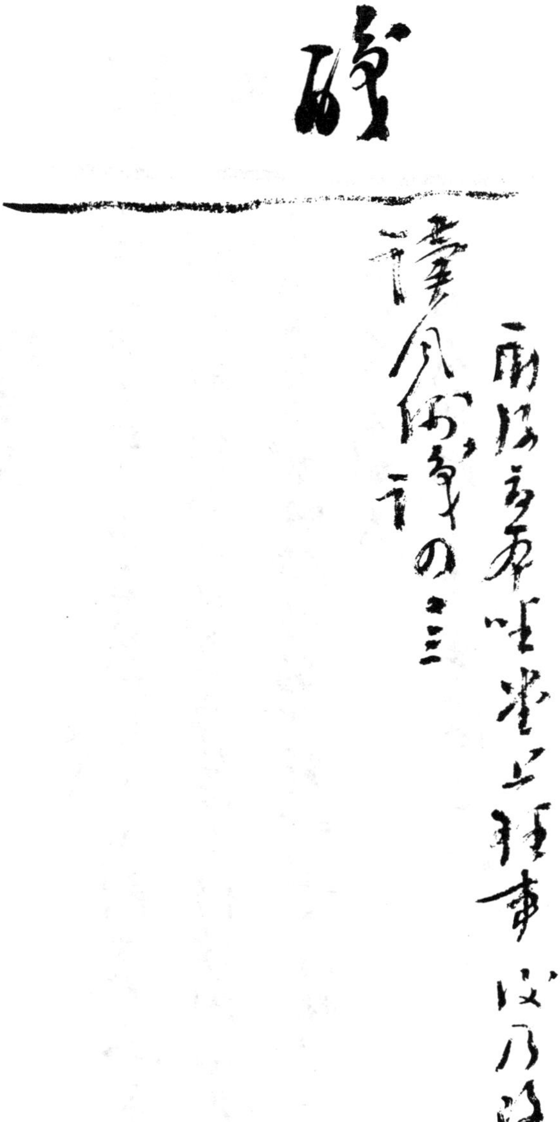

隋書

經籍志

今資凡出家之人其俗家並收之，以六三不列于九品，因未入流者，並收

則附隸從九品，凡流外所稱品從其例，以其品次其差

又凡出家之人，頭陀苦行十二，頭陀以其行相之一，為其居士之所

長齋不殺者

又頭陀苦行，除一切苦，煩惱，七〇八

里設長

清律凡各處人民每一百戶內議設里長一名甲首一十名輪年應役催辦錢糧勾攝公事若有妄稱主保小里長保長主首等項名色生事擾民者杖一百遷徙其合設耆老須於本鄉年高有德眾所推服人內選充不許罷閑吏卒及有過之人充應違者杖六十

題本

光緒廿七劉坤一張之洞會奏變法事宜　一曰省題本　查

題本乃明代舊制既有副本又有貼黃兼須繕寫宋字

繁複遲緩糜費無益雍正年間諭令臣工將要事改為摺

奏簡速易覽遠勝題本五十年來亦有已當改題為

奏之案上年冬間已經行在部臣奏請將題本暫

停擬請查核詳議永遠省除則改為

職官

漢員授旗官之始 [redacted]宦列傳 228 4下

畢秋養廉 文 226 6下

裁同城情形 文 225 5上 233 1下 案光緒廿四裁廣東雲南

姻親迴避

陶模奏請查內監（文 234 10上）

避本籍 文 225 1上

河道總督駐所（文 237 3上） 東河督辛丑年裁

職官

長庚請新疆設情見宣列傳 240 8上

也

察除無附存新冊

丙午年四月小陽院呈因府待申明令稽定之

並指令兩部知照　仍令每番留取

碊

十九年十月張學良言天津當北寧津浦兩路之要衝為白河運河兩流之匯當此時局未平似宜定為專政中心俾便控擬請將河北省政府暫行移設天津二十五日國民政府許之

客判

一七二一·二一 此案該府令議
據該府覆詳案由、、一核及備具詳畢全正原畫入
本府別示——正回

縣參議會組織法
縣參議員選舉法
市參議員選舉法
卅一·八·十七公布

都市

市字在普通講、是有市面的地方、但是在政治上、却有一定的界限、譬如說人數有了五千以上二萬以下、才能算一個小都市、二萬以上、十萬以下、是中都市、十萬以上、是大都市、但是現在上海的人數、有二百多萬、所以不得不叫牠一個特別市了、

三、特別市在普通講、是一個很大的地方、人數很多、工商很發達、以及地勢地位很重要的就是了、但是在政治上看來、却有特別的統系、就是說普通的小都市、中都市、大都市、有屬於縣政府的、有屬於省政府的、但是特別市纔是直接屬於中央政府、這就是特別市特別的地位、

政

◉口北十縣請隸河北

△否則請將晉綏十八縣歸察省

口北十縣推代表晉京、請復隸河北、分向國府行政院內政部請願、其呈文云、呈爲口北十縣區小負重、籲請准予仍隸河北以蘇民困事、竊維口北十縣、向隸河北、自前年與察哈爾六縣合建新省、仰見中央注重邊防之至意、惟口北地瘠民貧、昔隸河北時、即係最瘠之一道、而原隸察省之六縣、更屬新闢荒區、其民力物力之磽薄、視口北尤甚、以如是之十餘縣、勉戴一省、已覺不堪負荷、乃自十七年以來、橫遭劃據、負擔之重、與昔隸河北時及現屬河北各縣相較、莫不超過數倍乃至數十倍、請以事實徵之、即如今年之軍事特捐、河北全省爲四百萬、而口北則爲一百萬、以縣平均、較多二倍而强、又如平時軍費、河北每月爲九十八萬、而口北則爲二十四萬、以縣平均、亦較多一倍以上、其他各種捐稅、莫不如此、事實具在、非敢妄言、益以各縣連遭荒旱、民生之憔悴、以視陝災、實相伯仲、徒以省府政費、列入預算、羅掘雜支、無暇他顧、致使嗷嗷哀鴻、流亡載道、原有教育經費、既被移挪、乃復有四項附加之設、無端又增數十萬之擔負、不與則教育停頓、與之則民力已殫、若再長此負擔、勢不至盡塡溝壑不止、此民等兩年來無告之苦、今日幸得一訴者也、抑尤有進者、口北屏藩兩蒙、建瓴燕冀、形勢之重、迥與其他之邊境異、現方兩蒙多事之秋、以如是之重鎮、非厚積實力不足以固邊陲、絕非奇零十縣之力所能勝任、萬不獲已、擬請將原屬察區劃歸綏遠之五縣、暨晉北之大同九縣、及朔平四縣、加入察省、在山西所失不多、僅如河北之去口北、而察省增此十八縣、亦較衆擎易舉、否則按之四中全會縮小省區之提案、以口北十縣合大同九縣朔平四縣爲一小省、此二十餘縣、其地理歷史風俗民情、皆不甚相遠、而就內外長城形勢言之、實爲一天然省區、似覺便利多多、除分呈行政院暨內政部外、謹此合詞陳請、敬乞採擇施行、實爲德便云云、

十八・十一

△南京　口北十縣代表王試功等呈內部請將口北十縣、仍劃歸河北省、內部批示云、口北十縣、劃歸察哈爾省管轄、原案係國府核定、未便擅議變更、此次四中全會、已有改劃全國省區決議、該代表等所請仍將口北十縣劃歸河北省一節、應候中央統籌辦理、聽命核示、

●威海衛管理公署條例

威海衛管理公署組織條例業經明令發表、茲錄全文如次、

（第一條）威海衛在未闢為軍港以前、置威海衛管理公署、掌理行政及監督地方自治事務、（第二條）威海衛管理公署直隸於行政院、關於行政事務並受中央主管部會之指揮監督、（第三條）威海衛管理公署之管轄區域、由行政院呈請國民政府核定之、（第四條）威海衛管理公署於不牴觸中央法令範圍內、得發佈命令、並制定單行規則、（第五條）威海衛地方自治之編制、準用市組織法關於區坊閭鄰之規定、（第六條）威海衛管理公署設專員一人、（簡任）綜理行政事務、並監督所屬機關職員、（第七條）威海衛管理公署設左列科局、一●總務科、二●公安局、（第八條）總務科之職掌如左、一●育幼養老濟貧救災等設備事項、二●糧食儲備及調節事項、三●教育及其他文化事項、四●農工商業之改良及保護事項、五●勞工行政事項、六●造林墾牧漁獵之保護及取締事項、七●合作社及互助事業之組織及指導事項、八●風俗改良事項、九●財政收支及預算決算編造事項、十●公產之管理及處分事項、十一●公營業之經營管理事項、十二●土地行政事項、（第九條）公安局之職掌如左、一●戶口調查及人事登記事項、二●公安事項、三●消防事項、四●公共衛生事項、五●醫院●菜市●屠宰場●及公共娛樂場所●之設置及取締事項、六●公用房屋公園公共體育場公共墓地建築修理事項、七●私人建築之指導取締事項、八●道路橋樑溝渠隄岸及其他公共土木工程事項、九●河道港務及船政管理事項、十●民營公用事業監督事項、（第十條）威海衛管理公署設秘書一人、（薦任）掌理文牘交際庶務、及其他不屬于科局掌理之事項、並得設科員一人至三人、（委任）助理事務、（第十一條）總務科設科長一人、（薦任）科員四人至六人、（委任）（第十二條）公安局設局長一人、（薦任）課長二人至四人、（委任）科員八人至十二人、（委任）督察一人或二人、（委任）（第十三條）威海衛管理公署因事務之需要、得聘用專門技術人員、（第十四條）威海衛管理公署得酌用雇員、（第十五條威海衛管理公署各科局之職員名額、由該公署依本條例之規定範圍內、編造預算、呈行政院核定之、（第十六條）威海衛管理公署設行政會議以左列人員組織之一●專員、二●局長、三●科長、四●秘書、（第十七條）左列事項應經行政會議、一●關于公署各科局辦事細則事項、二●關于威海衛單行規則事項、三●關于預算決算事項、四●關于整理財政收入事項、五●關于經營市公產及公營業事項、六●關于科局權限爭議事項、七●專員提議事項、八●其他重要事項、（第十八條）行政會議每月至少開會一次、由專員召集之、以專員為主席、（第十九條）威海衛管理公署行政會議規則及各處科局辦事細則、由該公署自定之、并呈報行政院備案、（第二十條）本組織條例自公布之日施行、

一八・一〇

西

南

十七、十八、十九國民的財產

古代的財產有屬於個人所有的，也有部族公有的

從前的財產，是通過所有權而來的，大約以前公有

共有的財產，後世

而後個人佔有地，及其後

家族的財產，屬於

謹

國務會議

一、九年十月四日中常會議決將行政會議改國務會議

俾行政院及各部會人員均可參預也

臧

修訂建委會組織法

△南京　國府訓令立法院修訂建委會組織法云、爲令遵事、案據行政院呈稱、案查本年十一月廿五日奉鈞府第六二一號訓令內開、案奉中央執行委員會特字第一〇三六號函開、本會第三屆第四次全體會議、通過刷新中央政治、改善制度、整飭綱紀、確立最短期內施政中心、以提高行政效率一案、除函送政治會議分別交辦、並督責實施外、特檢同原案一份、函達查照等因、奉此、經即提出本府第一百次國務會議決議、除應候中央政治會議轉交辦理及逕辦者外、各按性質、分令遵辦、並限於民國廿年一月一日成立監察院在案、茲查原案、(甲)關於中央制度組織之更革、第四款第三項、爲建設委員會應注重設計、指導國民建設、不必列於行政機關、當直隸於國府、其有模範事業、請求國府批准者、亦得設計試辦、一除分令建設委員會遵辦、並行知立法院外、合亟抄發原案、令仰該院遵照辦理具報、此令、附抄發原案一份等因、奉此、查建設委員會成立以來、舉凡水利電氣及其他國營各事、爲督促提倡、藉資模範起見、均已擇要規劃實施、猶有相當成績、茲奉前因、經提出本院第一次國務會議決議、已辦事業、由院核交繼續辦理、未辦事業、由國務會議決定、至已辦各事業、不止一端、擬即函知該會、列表送院、一俟續經本院國務會議決定後、仍當分別呈請鈞府核准施行、查前頒建設委員會組織法、關於職權管轄規定、多與現在情形不同、懇由鈞府酌予修訂、以便適用、除函請中央執行委員會秘書處查照轉陳外、理合一併具文呈報、敬祈鈞府鑒核施行、指令祇遵等情、據此、除指令呈悉、建設委員會組織法、候令交立法院修訂可也、仰即知照、除印發外、合行令仰該院即便遵照、辦理具報、此令、

廿、十二

職

一九二一四四中會合議供　警備司令部長處

御史裁其內閣為一司

訂閣氏洛函　李計劃備查

廿七條）立法院設委員四十九人至九十九人、由立法院長提請國府任命之、（第廿八條）立法院委員任期二年、（第廿九條）立法院委員、不得兼任中央政府地方政府各機關事務官、（第三十條）立法院會議、以院長爲主席、（第三十一條）立法院之决議、由國府會議議决公布之、（第三十二條）立法院之組織、以法律定之、（第四章　司法院、（第三十三條）司法院爲國民政府最高司法機關、掌理司法審判、司法行政、官吏懲戒、及行政審判之職權、關於特赦減刑及復權事項、由司法院院長、擬請國府核准施行、（第三十四條）司法院設院長副院長各一人、院長因事故不能執行職務時、由副院長代理之、（第三十五條）司法院關於主管事項、得提出議案於立法院、（第三十六條）司法院之組織、以法律定之、（第五章）考試院、（第三十七條）考試院爲國府最高考試機關、掌理考試銓叙事宜、所有公務員、均須依法律、經考試院長考選銓敘、方得任用、（第三十八條）考試院設院長副院長各一人、院長因事務不能執行職務時、由副院長代理之、（第三十九條）考試院關於主管事項、得提出議案於立法院、（第四十條）考試院之組織、以法律定之、（第六章）監察院、（第四十一條）監察院爲國府最高檢察機關、依法律行使左列職權、㈠彈劾、㈡審計、（第四十二條）監察院設院長副院長各一人、院長因事務不能執行職務時、由副院長代理之、第四十三條）監察院設監察委員十九人至二十九人、由監察院長提請國民政府任用之、監察院監察委員之保障、以法律定之、（第四十四條）監察院會議、以監察委員組織之、監察院院長爲監察院會議之主席、（第四十五條）監察院監察委員、不得兼任中央政府及地方政府各機關之職務、（第四十六條）監察院關於主管事項、得提出議案於立法院、（第四十七條監察院之組織、以法律定之、（第七章）附則、（第四十八條）本法自公布日施行、

▲南京　四中全會十七日下午五次大會通過修正國民政府組織法、修正各點、均關重要、茲並錄原條文及修正文如次、俾資比較、（第十一條）（原文）國民政府以國務會議處理國務、國務會議由國民政府委員組織之、國民政府主席爲國務會議之主席、（修正文）國民政府會議、由國民政府委員組織之、國民政府主席、爲國民政府會議之主席、（第十三條）（原文）公布法律、發布命令、經國務會議議决、由國民政府主席及五院院長署名行之、修正文）公布法律、由國民政府主席署名、以立法院院長之副署行之、發布命令、由國民政府主席署名、立法院院長之副署行之、（第二十一條）（原文）行政院會議、（改稱）國務會議、餘外各條稱行政院會議者、均改國務會議、（原文）稱國務會議者、（改稱）國民政府會議、

十九、十一四中全會議決

第四十條、考試院之組織依法律定之、

第六章　監察院

第四十一條、監察院爲國民政府最高監察機關、依法律行使左列職權、㈠彈劾、㈡審計、

第四十二條、監察院設院長副院長各一人、院長因事故不能執行職務時、由副院長代理之、

第四十三條、監察院設監察委員十九人至二十九人、由監察院院長提請國民政府任命之監察院監察委員之保障、以法律定之、

第四十四條、監察院會議以監察委員組織之、監察院院長爲監察院會議之主席、

第四十五條、監察院監察委員不得兼任中央政府及地方政府各機關之職務、

第四十六條、監察院關於主管事項、得提出議案於立法院、

第四十七條、監察院之組織、以法律定之、

第七章　附則

第四十八條、本法自公布日施行、

分呈三機關、在呈送者以爲甯溢無漏

監察院

民二〇·二、成立

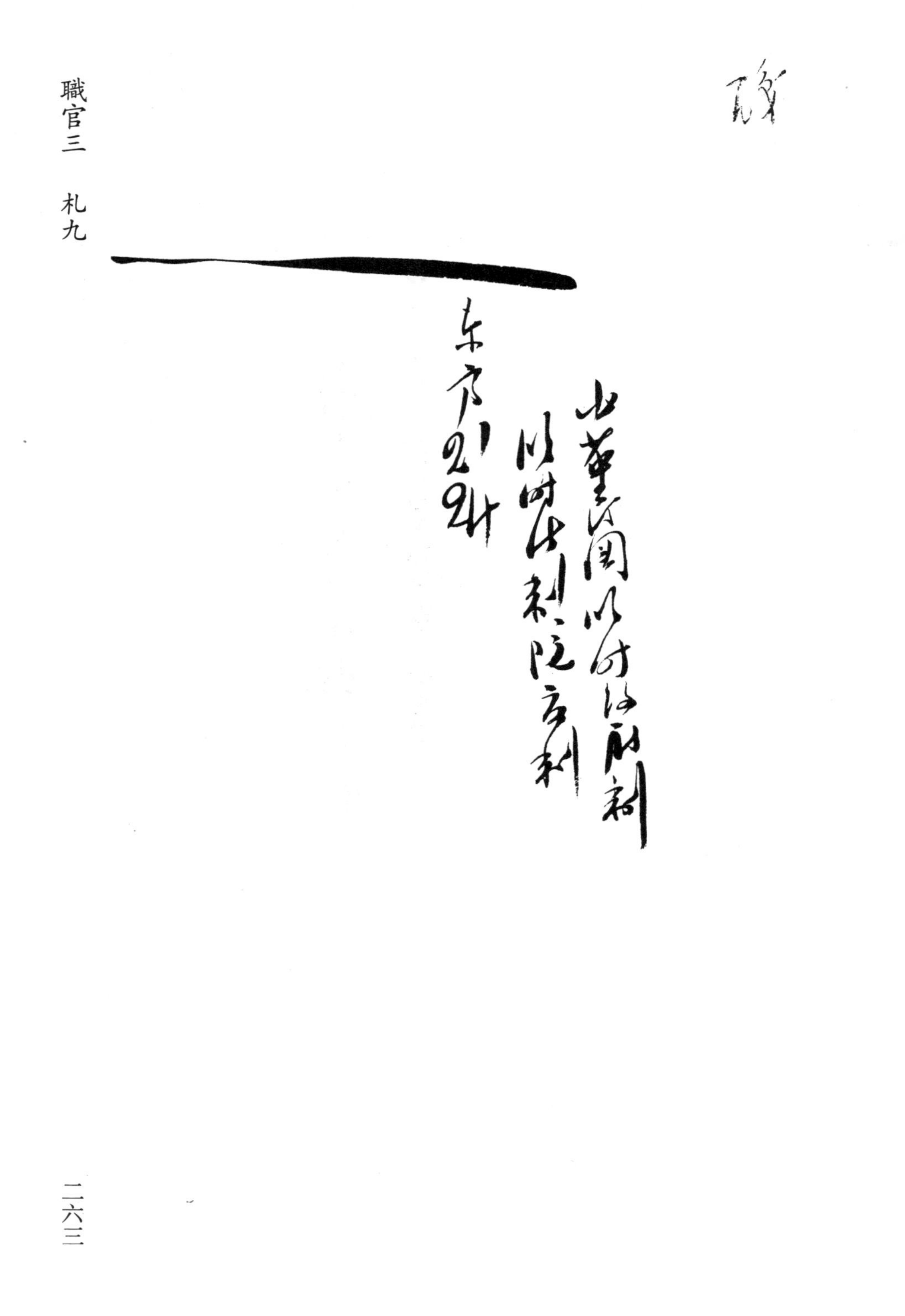

[illegible]

傳

皖省行首席縣長制

廿一年事》令有爲十志

牍

兩淮運使運副裁撤
歸并稽核所廿一年七月

◉修正後之

教育部組織法

▲立法院已通過

一六九

教育部因增設蒙藏教育司、將組織法修改、呈行政院咨立法院審議經該院昨日第四十九次會議議決修正通過、茲探錄修正後之教部組織法全文如次、

▲教育部組織法

第一條 教育部管理全國學術及教育行政事務、第二條、教育部對於各地方最高級行政長官、執行本部主管事務、有指示監督之責、第三條、教育部就主管事務、對於各地方最高級行政長官之命令或處分認爲有違背法令或逾越權限者、得請由行政院院長提經國務會議議決後、停止或撤銷之、第四條、教育部置左列各司處、一・總務司、二・高級教育司、三・普通教育司、四社會教育司、五・蒙藏教育司 六・編審處、第五條、教育部於必要時、得置各委員會 其組織另定之、第六條、教育部經國務會議及立法院之議決、得增置裁併各司處及其他機關、第七條、總務司掌左列事項、一・關於收發分配撰擬繕校保存文件事項、二・關於部令之公布事項、三・關於典守印信事項、四・關於紀錄職員之進退事項 五・關於編製統計報告事項、六・關於編印公報及發行事項、七・關於本部經費之預算決算及會計事項、八・關於稽核直轄各機關之經費及會計事項、九・關於本部官物之保管事項、十・關於本部庶務及其他不屬各司之事項、第八條、高等教育司掌左列事項 一・關於大學教育及專門教育事項、二・關於國外留學事項、三・關於各種學術機關之指導事項、四・關於學位授予事項、五・關於其他高等教育事項、第九條、普通教育司掌左列事項、一・關於中等教育小學教育幼稚教育事項、二・關於師範教育事項 三・關於職業教育事項、四・關於地方教育機關之設立及變更事項 五・關於其他普通教育事項 第十條、社會教育司掌左列事項、一・關於民衆教育及識字運動事項、・關於補習教育事項、三・關於低能及殘廢者之教育事項、四・關於美化教育事項、五・關於公共體育事項、六・關於圖書及保存文獻事項、七・關於其他社會教育事項、第十一條、蒙藏教育司掌左列各事項、一・關於蒙藏地方教育之調查事項、二・關於蒙藏地方各種教育事業之興辦事項、三・關於蒙藏教育師資之培養事項、四・關於蒙藏子弟入學之獎勵事項、五・關於蒙藏教育經費之計劃事項、六・關於其他蒙藏教育事項、第十二條、編審處編譯圖書審查教育所用之圖書儀器及其他教育用品其組織另定之、第十三條、教育部置大學委員會依大學委員會組織條例決議全國教育及學術上重要事項大學委員會組織條例另定之、

第十四條 教育部置華僑教育設計委員會掌理關於華僑教育設計事項、其組織條例另定之、第十五條、教育部部長經理本部事務監督所屬職員及各機關、第十六條、教育部政務次長常任次長輔助部長處理部務、第十七條、教育部設秘書四人至六人、分掌部務會議及長官交辦事務、第十八條、教育部設參事二人至四人、撰擬審核關於本部之法律命令、第十九條、教育部設司長五人分掌各司事務、第二十條、教育部設科長科員各若干人承長官之命分掌各科事務、第二十一條、教育部部長爲特任職、次長參事司長及秘書二人爲簡任職、秘書科長爲薦任職、科員爲委任職、第二十二條教育部處務規程以部令定之、第二十三條、本法自公布日施行、

十月[illegible]

國民政府司法院核訂法院組織法

審核舊法第三二（一）據此自保範圍（二）實行三

級三審（三）地方法院兩級任審者

第一條、監察院以監察委員、行使彈劾職權、

第二條、監察院關於審計事項、設審計部掌理之、

第三條、監察院得提請國民政府簡派監察使、分赴各監察區、行使彈劾職權、監察使得由監察委員兼任、監察區由監察院定之、

第四條、監察院得隨時派員分赴各公署及其他公立機關、調查檔案册籍、遇有疑問、該主管人員、應負責爲詳實之答覆、

第五條、監察委員得單獨提出彈劾案、

第六條、彈劾案由院長另指定監察委員三人審查、經多數認爲應付懲戒時、監察院應即將被彈劾人移付懲戒、

第七條、前條彈劾案、經審查認爲不應交付懲戒而提案人仍復提出時、監察院應即將被彈劾人移付懲戒、前項彈劾案、經官吏懲戒委員會議決、不應受處分時、原彈劾人不負責任、

前項彈劾案經官吏懲戒委員會議決、不應受處分時、原彈劾人、應受監察委員依法規定之處分、

第八條、彈劾案提出後、原彈劾人不得撤回、

第九條、官吏懲戒法另定之、

第十條、監察委員對於其他監察委員得彈劾之、前項彈劾案、準用第十四條至第十七條之規定、

第十一條、監察委員不盡職時、立法院得向監察院提出質問、

第十二條、審計部設部長一人、副部長一人、由院長提請國民政府、分別任命之、

第十三條、審計部掌左列事項 ㊀關於國民政府及各省各特別市政府歲出歲入之決算事項、㊁關於國民政府所屬各機關每月之收支計算事項、㊂關於特別會計之收支計算事項、

第十四條、審計部之組織以法律定之、

第十五條、審計法另定之、

第十六條、監察院內置左列各處、一、秘書處、二、參事處、

第十七條、秘書處置左列各職員、一、秘書長一人簡任、二、秘書六人至十人、其中四人簡任、餘薦任、三、科員十人至二十人委任、

第十八條、秘書處掌左列事項、一、關於文書收發編製及保管事項、二、關於文書分配事項、三、關於文件之撰擬及繙譯事項、四、關於典守印信事項、五、關於會計庶務事項、六、其他不屬於參事處主管事項、

第十九條、參事處置參事四人至六人簡任、

第二十條、參事處掌撰擬審核關於監察之法律命令事項、

第二十一條、監察院院長總理全院院務、

第二十二條、監察院會議規則及處務規程另定之、

第二十三條、本法自公布日施行、

公文批示字樣

【行】批行字則繕背　【發】請撥款及代物批與字則照背　【存】批與字由主管者保存

【閱】文書簿籍已過月者　【准】如所請擬稿　【駁】准反

擬稿者名下署【擬】字【勘】【校】【繕】同

督軍 巡閱使

民國革命以來始有都督兼掌軍民之權此雖襲前清督撫之舊然督撫皆以文吏爲之以文吏而有節制各鎮之權其制實勝於都督都督或與省長分治然大權皆操於都督省長非巡撫比也袁世凱改都督爲將軍又設巡按使以分其權乃稍類於前清之督撫同城然當時喜利用武人以制黨人遂開將軍跋扈之風袁世凱死遂不可復制當時折衷於都督將軍之間改名曰督軍督軍之恣肆實更甚於都督將軍但所督者不過一省自添設巡閱使而割據之局成矣巡閱使亦創於袁世凱當時任張勳爲長江巡閱使亦以防黨人是割據之局亦袁世凱造之也唐世有都督其始爲督察刺史之官乃文吏也其武臣掌兵有事出征則設大總管無事時鎮守邊要者曰大都督自高宗永徽以後都督帶使持節謂之節度使其後以賀拔延嗣爲涼州都督河西節度使始以節度使爲官然猶不能管民政與民國之都督大異至開元中朔方隴右河東河西諸鎮皆設節度使統轄數州州刺史盡爲其所屬且兼按察使安撫使支度使諸職於是民政財政統歸節度使猶今之督軍矣其後安史亂起諸有軍功者皆除節度使大者轄州十數則猶今之巡閱使而五代割據之局成矣故推原五代之亂皆由節度使兼掌軍民之權推原今日之亂皆由督軍巡閱使兼掌軍民之權節度使跋扈之餘繼以士卒自擇將吏號爲留後督軍巡閱使跋扈之餘繼以某省自稱總司令某省自稱善後督辦

責任內閣之成

新史學廿八頁

粵設行政專員

約九區 事在廿五年秋十月間

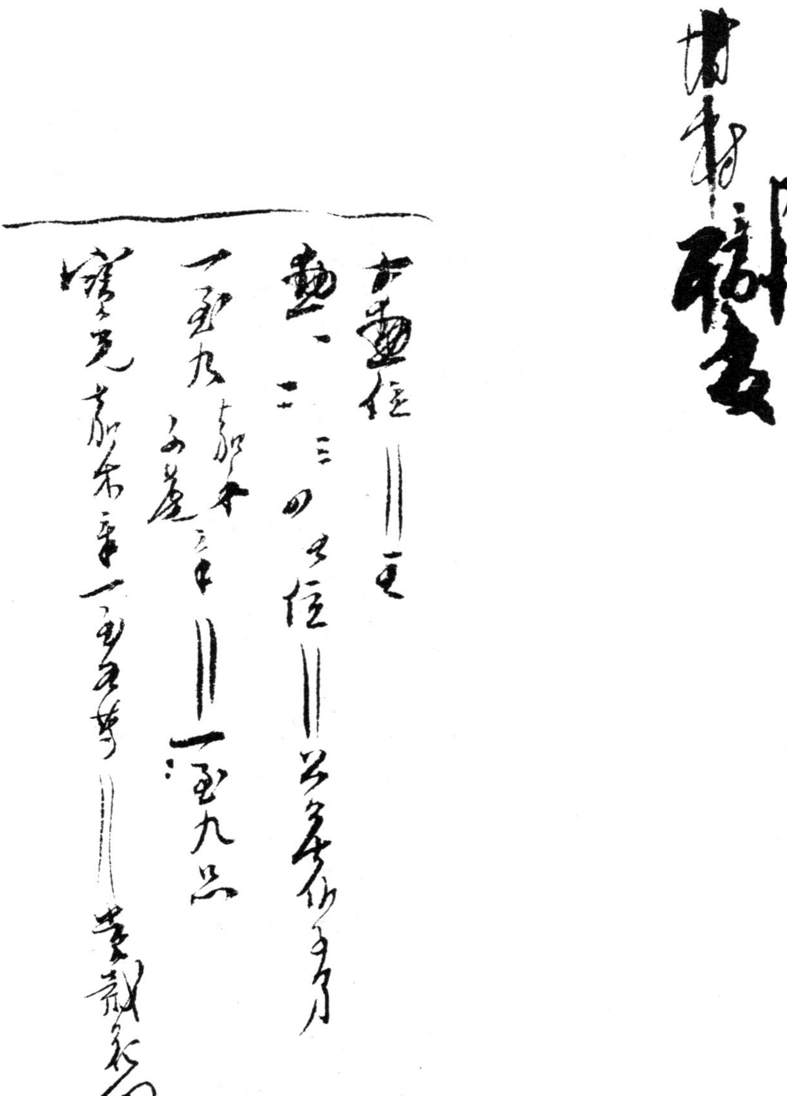

計部得設駐外審計協審稽察、分別執行職務、其名額定之、（第九條）審計須以具有左列資格之一者充之、㈠曾任國民政府簡任以上官職、並具有第十條或第十一條之資格者、㈡現任最高級協審稽察一年以上、成績優良者、（第十條）協審在未有考試及格之相當人員以前、須具有左列資格之一者充之、㈠曾在國內外專門以上學校、習經濟法律會計之學、三年以上畢業、並有相當經驗者、㈡曾任會計師或關於審計之職務、三年以上、成績優良者、（第十一條）稽察在未有考試及格之相當人員以前、須以具有左列資格之一者充之、㈠於其稽查事務所需學科、曾在國內外專門以上學校修習三年以上畢業、並有相當經驗者、㈡於其稽察事務、曾任技師或職官三年以上、成績優良者、（第十二條）審計協審稽察、在職中不得兼任左列職務、㈠其他官職、㈡律師會計師或技師、㈢公私企業機關之任何職務、（第十三條）審計部因繕寫文件及其他事務、得酌用雇員、（第十四條）審計部遇必要時、得聘用專門人員、（第十五條）審計部於各省設審計處、掌理各該省中央及地方各機關之審計稽察事務、審計處組織條例、另定之、（第十六條）審計協審稽察、非經法院褫奪公權或受官吏懲戒委員會依法懲戒者、不得免職或停職、（第十七條）本法自公布日施行、

▲審計部組織法　（第一條）審計部直屬國民政府監察院、依監察院組織法第十三條及審計法之規定、行使職權、（第二條）審計部部長特任、秉承監察院院長、綜理全部事宜、（第三條）審計部副部長簡任、輔助部長、處理部務、（第四條）審計部關於處理審計稽察重要事務、及調度審計協審稽查人員、以審計會議之議決行之、審計會議、以部長副部長審計組織之、其決議以出席人員過半數之同意行之、可否同數時、取決於主席、審計會議開會時、部長主席、部長有事故時、由副部長代理、（第五條）審計部設左列各廳處、㈠第一廳、掌理監察院組織法第十三條第三欵及第二欵事務、㈡第二廳、掌理監察院組織法第十三條第一欵及第二欵事務㈢第三廳、掌理監察院組織法第十三條第四欵及第二欵事務、㈣秘書處、掌理文書統計會計庶務等事務、（第六條）各廳設廳長一人、由部長指定審計兼任之、各廳分科辦事、每科設科長一人、分別以協審稽察兼任、科員三人至六人、委任、（第七條）秘書處設秘書長一人、簡任、秘書二人至四人、薦任、秘書處分科辦事、每科設科長一人、由秘書兼任、科員二人至四人、委任、（第八條）審計部設審計九人至十二人、簡任、協審十二人至十六人、稽察八人至十八人、均薦任、分別執行審計稽察職務、在京各機關之審計稽察職務、由部內之審計協審稽察兼理、審

十八年十月立法院通過

外

文淵公署

那彥成奏部各件八年俸裁撤補缺

准一八一二

三一裁

十七年十月

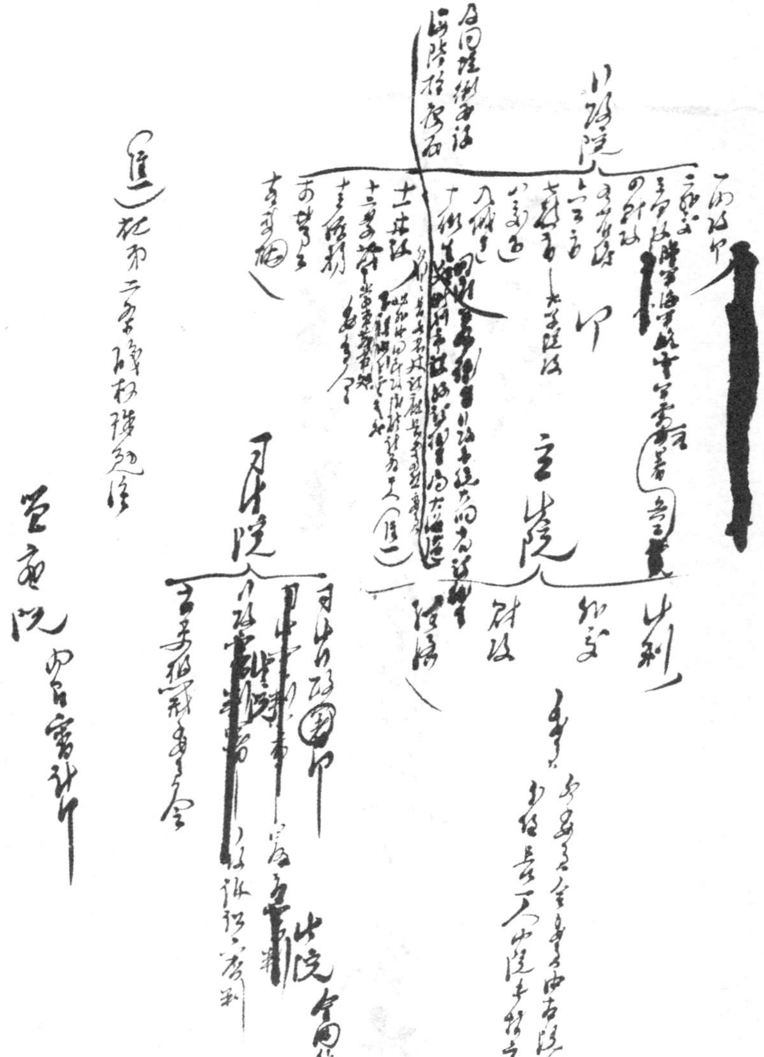

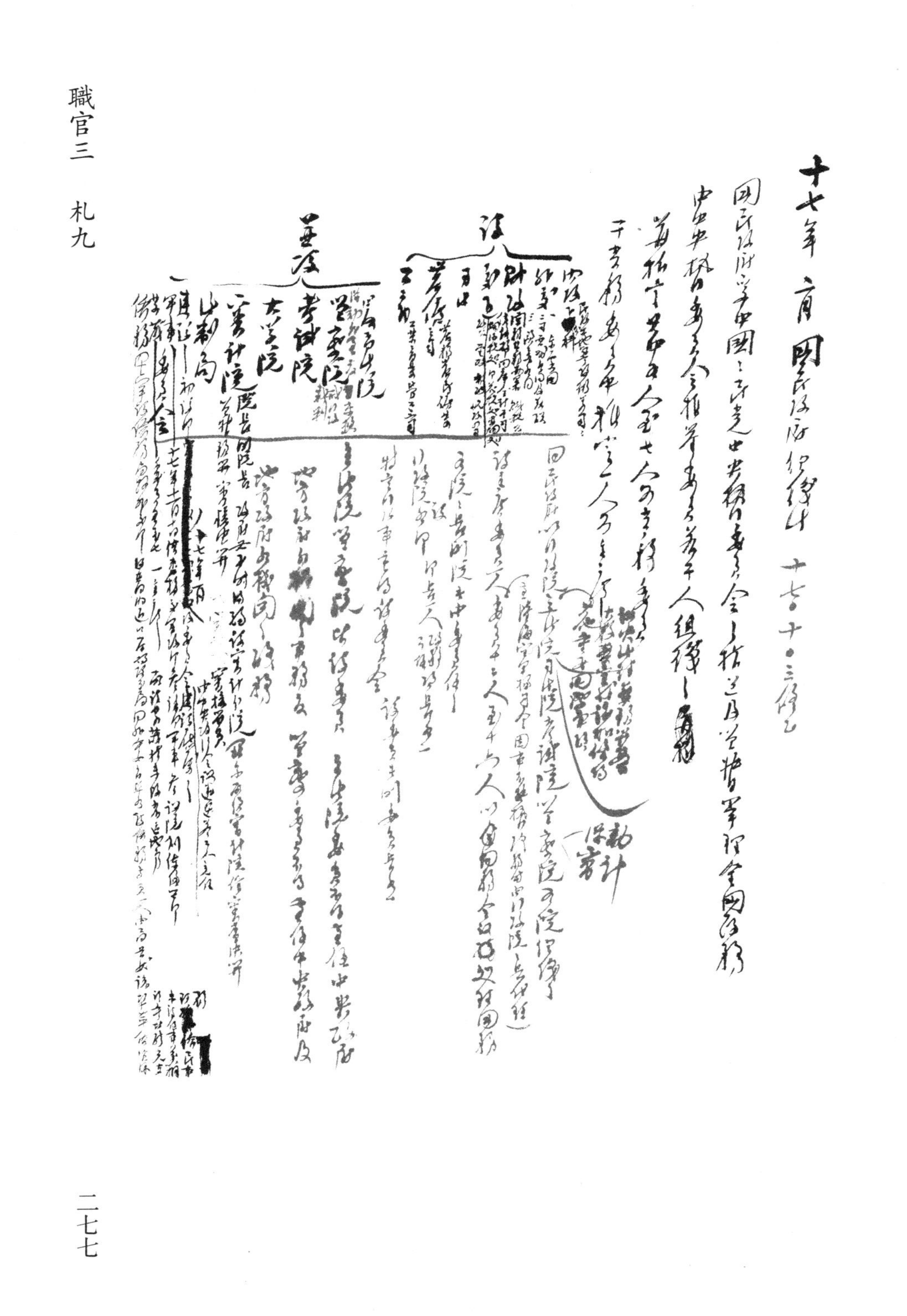

十七年十月國民政府組織法　十七、十、三修正

國民政府[illegible]中國之[illegible]中央執行委員會[illegible]全[illegible]統[illegible]陸海空軍理全國政務

中央執行委員會選任國民政府委員若干人組織之

[illegible]主席[illegible]委員[illegible]常務委員

于常務委員中推定一人為主席[illegible]

國民政府以[illegible]院[illegible]院[illegible]考試院[illegible]監察院[illegible]

審計　保管

[illegible]

立法院　司法院　考試院　監察院

[illegible]

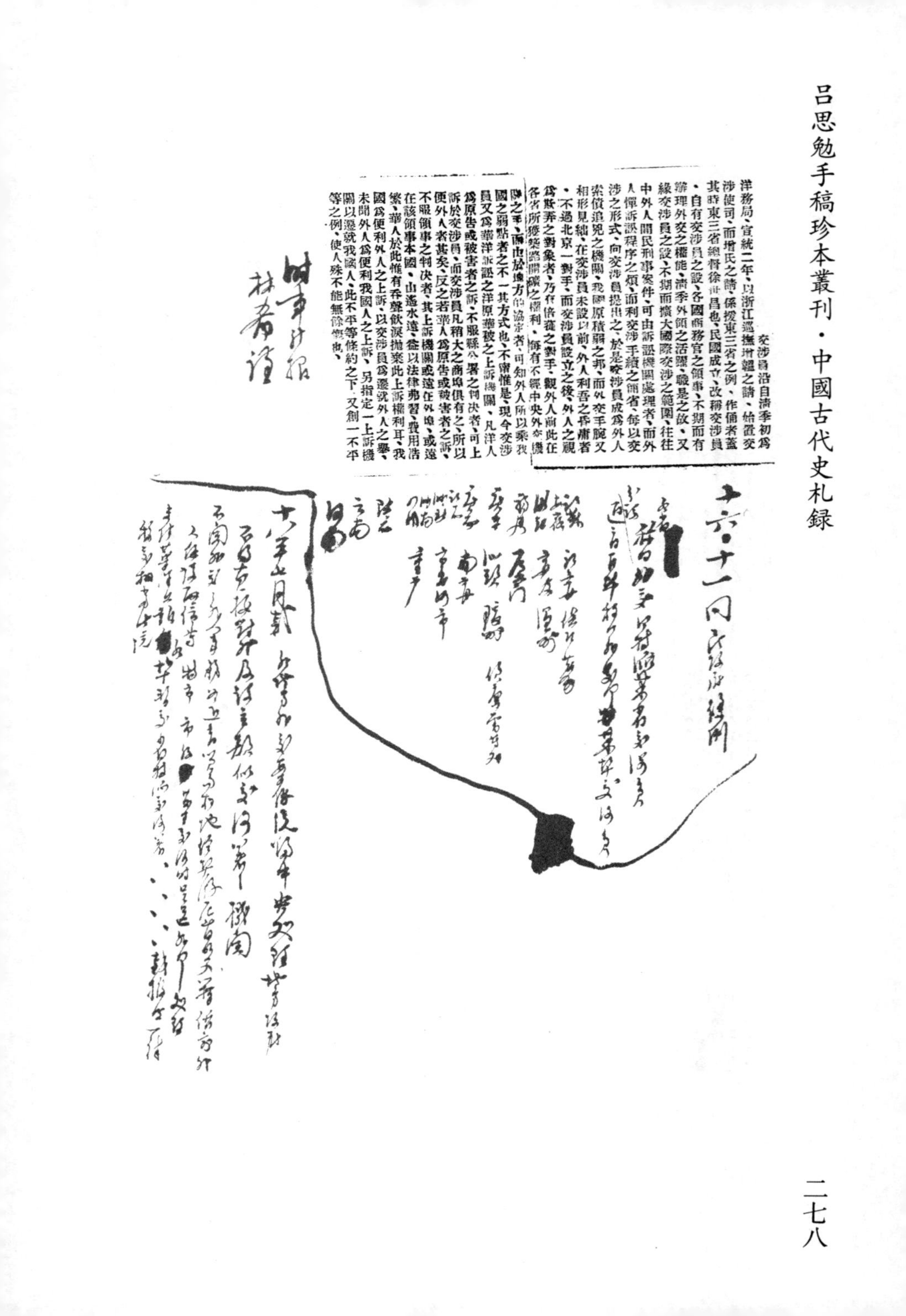

交涉員沿自清季初爲洋務局、宣統二年、以浙江巡撫增韞之請、始置交涉使司、而增氏之請、係援東三省之例、作俑者蓋其時東三省總督徐世昌也、民國成立、改稱交涉員、自有交涉員之設、各國商務官之領事、不期而有辦理外交之權能、清季外領之活躍、職是之故、又緣交涉員之設、不期而擴大國際交涉之範圍、往往中外人間民刑事案件、可由訴訟機關處理者、而外人憚訴訟程序之煩、而利交涉手續之簡省、每以交涉之形式、向交涉員提出之、於是交涉員成爲外人索償追兇之機關、我國原積弱之邦、而外交手腕又相形見絀、在交涉員未設以前、外人利吾之昏庸者、不過北京一對手、而交涉員設立之後、外人之視爲欺弄之對象者、乃有倍蓰之對手、觀外人前此在各省所獲築路開礦之權利、每有不經中央外交機關之手、而由於地方的協定者、可知外人所以乘我國之弱點者之不一其方式也、不甯惟是、現今交涉員又爲華洋訴訟之洋原華被之上訴機關、凡洋人爲原告或被害者之訴、不服縣公署之判決者、可上訴於交涉員、而交涉員凡稍大之商埠俱有之、所以便外人者甚矣、反之若華人爲原告或被害者之訴、不服領事之判決者、其上訴機關或遠在外埠、或遠在該領事本國、山遙水遠、益以法律弗習、費用浩繁、華人於此惟有吞聲飲淚拋棄此上訴權利耳、我國爲便利外人之上訴、以交涉員爲遷就外人之舉、未聞外人爲便利我國人之上訴、另指定一上訴機關以遷就我國人、此不平等條約之下、又創一不平等之例、使人殊不能無餘憾也、

時事新報 [illegible]

十六・十一・[illegible]

[illegible]

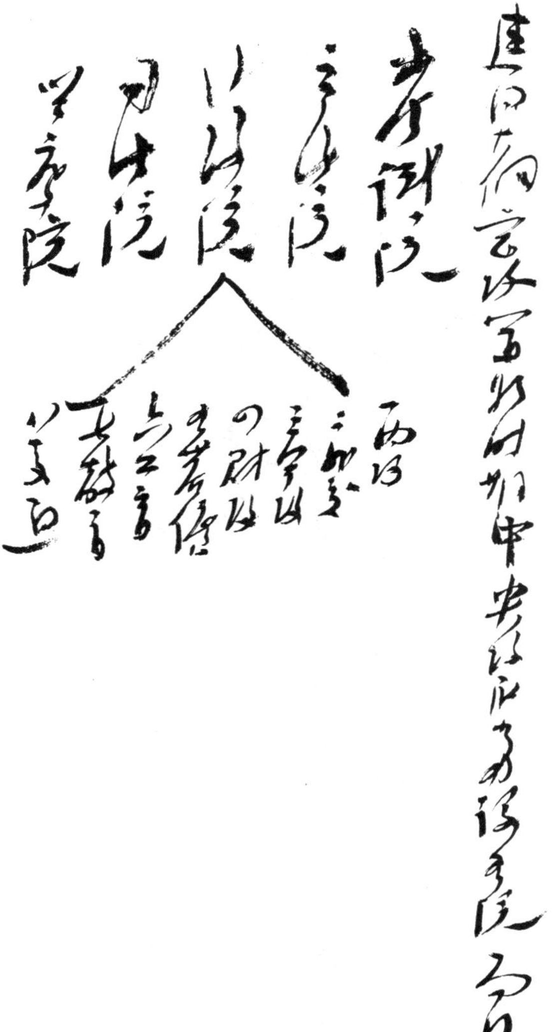

十七・十

訓練總監部直隸國民政府掌全國軍隊及各軍事學校教育

暨國民軍事教育事宜

軍事參議院〔直隸國民政府〕為軍事最高咨詢建議機關　參謀本部掌國

其事計劃對於國防、指揮作戰事務

附設研究會

（改組國民政府案）一十七．二　四次全体會通過國民政府

組織法

中央推定國府委員若干人一就推定委員七人為常務委員

一常務委員互推一人為主席一

置

內政
外交
財政
軍政
部

司法
考試
三高
最高法院
監察院
參謀院

大學院
審計院
法制局
建設委員會
軍事委員會
賑務委員會
僑務委員會

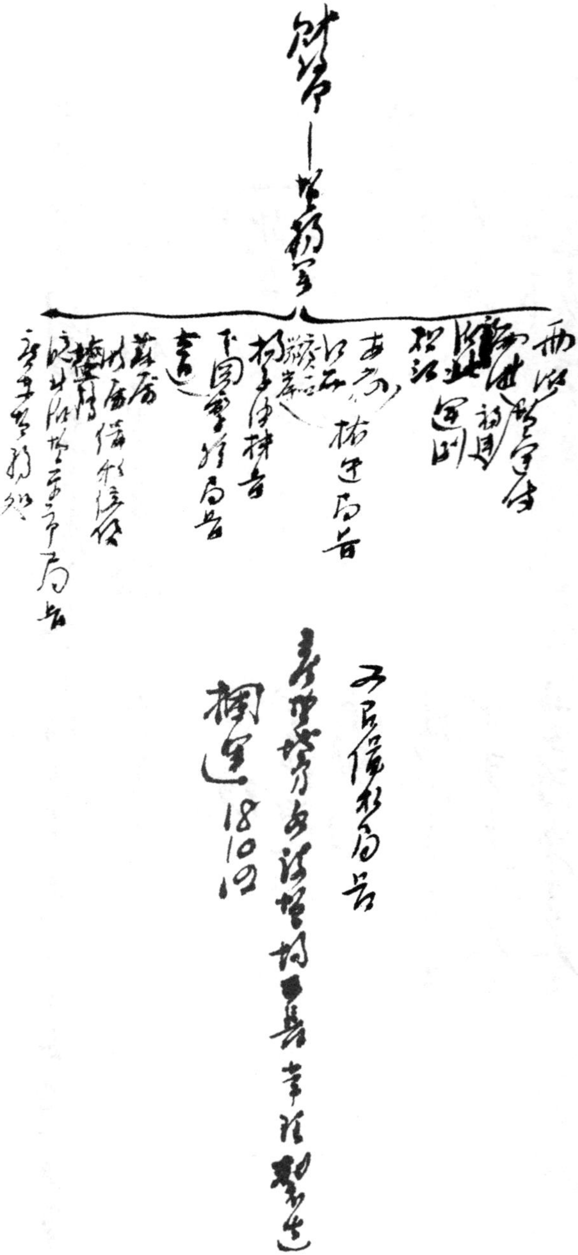

財政部

江蘇特派財政員

江蘇國稅[illegible]籌備處

各縣財務局長

印花稅處

江寧　蘇常　通海　淞江　江南　上海

印花稅分處

煤油特稅處

江蘇　安徽　浙江　湖北　江西

煤油特稅局長

烟酒稅處

湖北　江蘇　浙江　安徽　江西　福建　廣東　江蘇　山東　河南　福建

烟酒事務局長

廣東烟酒公賣處

捲烟稅局長　湖北

江蘇[illegible]書局　上海西[illegible]

材料處[redacted]

開明書

一致開明書

一中華書局

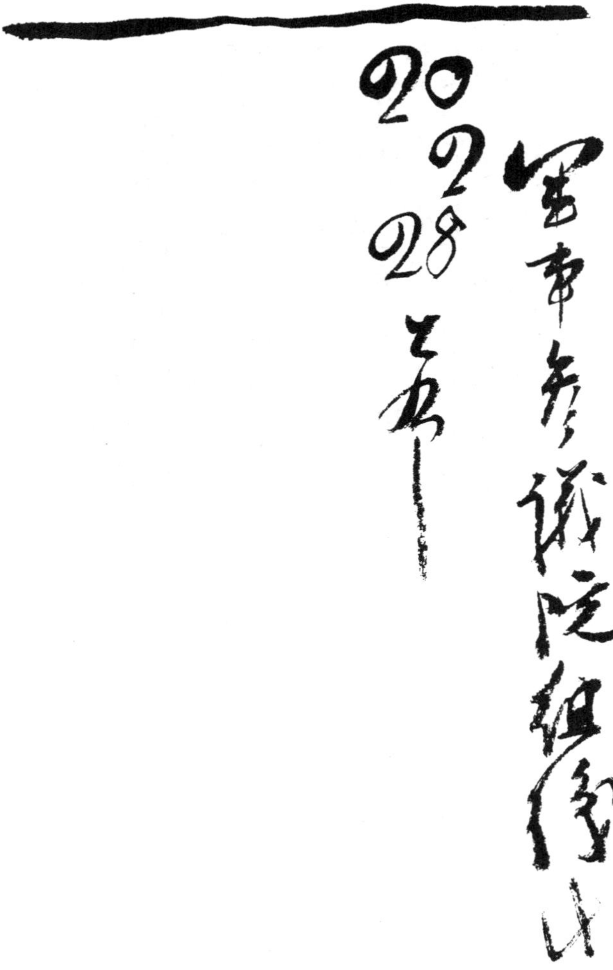

司法部隸屬何院問題

廿六·二·一 中

待五中全會最後決定

〔南京〕司法部隸屬問題、據關係當局語記者、中政會確曾討論此項問題、但未正式公布、致被誤傳隸屬行政院、惟中政會決議尚不得謂最終決定、因由司法院改隸行政院時、爲二中全會所決定、故中政會將作提案、交行將開會之五中全會、作最後決定、至憲法初稿、所規定者、係於未來憲政政體作應有之規定、而後取決於國民大會、但此爲憲政時期之事、與中政會所規定之訓政時期之政制、固幷行不悖云、（三十一日中央社電）

全國財政委員會組織條例

(第一條)國民政府爲促進財政改善、實現財政公開、設立全國財政委員會、(第二條)全國財政委員會隸屬於行政院、(第三條)全國財政委員會對於行政院辦理左列財政事項、有審查及建議之職權、一●整理財政。二●審核收支概算、三●審核公債之發行、四●稽核報銷、五●公告收支帳目、(第四條)軍費之支出以國防及綏靖地方所需者爲限、對於國內戰爭之一切負擔、全國財政委員會應拒絕之、前項經全國財政委員會拒絕之一切負擔、行政院不得支付或列入預算(第五條)全國財政委員會設委員長一人、以行政院院長兼充、委員三十五人至四十五人、由行政院院長就左列各款人員提出均等人數、呈請國民政府聘任之、一●現任簡任職以上之公務人員、二●金融業代表、三●農工商業代表、四●有經驗之經濟學者、五●財政專家(第六條)全國財政委員會設常務委員七人至九人、由委員互選之、處理本會日常事務、(第七條)全國財政委員會每月至少開大會一次由委員長召集之、但於必要時得召集臨時會議(第八條)全國財政委員會每次開會時、常務委員應將經辦事務報告大會審查決定(第九條)全國財政委員會設秘書長一人、簡任、秘書二人、薦任、幹事三人至五人、委任、並得酌用僱員、(第十條)全國財政委員會議事規則及常務委員辦事細則、均由大會議定之、(第十一條)本條例自公布日施行、

廿一・五・二八 立法院 通過

〔南京〕立法院二十八日三屆十五次會議通過之修正立法院組織法各條欵案、茲將各條欵之修正案錄後、第一條、立法院設左列各委員會、一、法制委員會、二、外交委員會、三、財政委員會、四、經濟委員會、五、軍事委員會、第七條、秘書處置左列各職員、一、秘書長一人、簡任、二、秘書六人至十人、其中四人簡任、餘薦任、三、科長二人至四人、薦任、四、科員二十八人至二十八人委任、但其中十人得爲薦任、五、速記長一人、薦任、速記員四人、委任、六、書記官八人至十二人、委任、第八條、秘書處掌左列事項、一、關於文書之收發及保管事項、二、關於文件之分配撰擬編製事項、三、關於統計調查事項、四、關於會議記錄事項、五、關於本院委任職員之任免事項、六、關於本院任用專門人員及雇員事項、七、關於典守印信事項、八、關於會計庶務事項、九、其他不屬於各委員會及編譯處主管事項、第十二條、編譯處掌左列事項、一、關於本國法規之編輯刋行事項、二、關於各國法制之編譯事項、三、關於立法參考資料之檢討事項、四、關於特別編譯事項、五、關於圖書管理事項、又第六條第二欵及第九條第十條全删、（二十八日中央社電）

廿二年八月

㈠通過改進地方自治原則、一·縣與市爲地方自治單位、縣爲一級、縣以下之鄉鎭村等各自治團體均爲一級、二·地方自治之進行、分爲甲·扶植自治時期、乙·自治開始時期、丙·自治完成時期、三·推進地方自治之程序及方式、應因時因地而有不同、祇宜作大體及富有彈性之規定、

㈡行政院請修正區鄉鎭自治施行法、及市組織法、交立法院、

廿三.二.廿
中政会396次会議

（甲）特級上將授任條例

第一條　中華民國陸海空軍最高軍事長官、任爲特級上將、

第二條　特級上將由國民政府特任之、

第三條　特級上將之待遇儀制另定之

第四條　本條例自公佈日施行、

（乙）上將任官施行條例

第一條　本條例依據陸海空軍官制表及陸海空軍軍官佐任官暫行條例訂定之、

第二條　本條例除特級上將另有規定外、所有陸軍海軍空軍上將之任官、悉依此辦理

第三條　陸軍海軍空軍上將分第一第二兩級、凡中將建有殊勳者　任以第二級上將、再建殊勳者晉爲第一級上將、

第四條　陸海空軍上將各依其員額之所定・但第一級上將以其員額四分之一至三分之一爲限、

第五條　本條例自公佈之日施行、

廿四・三・廿七　中政會議通過

政院公布
文官俸給表

【南京】行政院訓令所屬各機關、爲奉國府五二一號訓令內開、據考試院呈據銓叙部呈稱、奉令以呈擬文官官等官俸表草案、業奉國府指令、經冠以暫行二字、明令公布、定自十一月一日起施行、其十六十八兩年頒行之俸給表及條例、均着同日廢止等因、謹遵自施行日起、對各機關俸給審查、概同新表辦理、惟舊有人員原叙等職員支俸額與新表不無出入、似應遵國府委員會、各機關俸給不得因此浮增、致牽動假預算總數之決議案、確定實施辦法三項、㈠自新表施行日起、各機關舊有人員原叙等級、概予保留、原支俸額、應暫仍留、㈡升級時從原級遞升、應支俸額、由各機關斟酌辦理、㈢降級時從原級遞降、按新表級差減俸、云云等情、察核所擬、尚屬妥洽、令飭一體遵照云、（二十二中央社電）

照各縣情形、在本表規定範圍內酌斟擬定、報由銓敘部備案、㈠本表所定辦事員、包括特務員·事務員·譯電員·管卷員·文牘員·繪圖員等、㈠本表俸額數字、以元爲單位、

廿三年

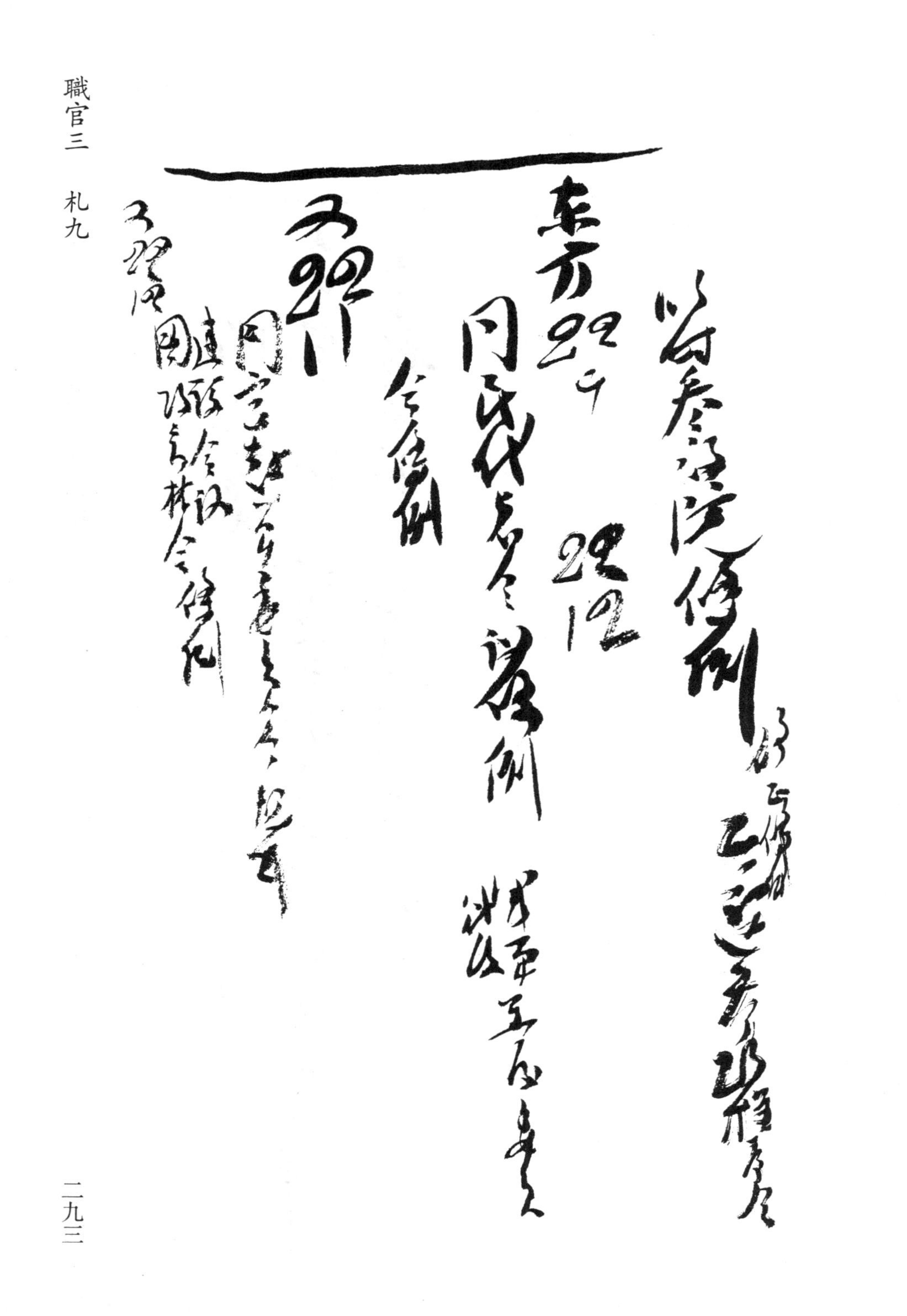

[illegible]

殘

附行會議

四中全會以1911決定于2005召集三方法之常

會議建制六大中國兩三部極

寅

南京　中常委會提定期召集國民參政會並規宗組織要點案、全文如下、

爲提議定期召集國民參政會、並規定組織要點、交常會切實籌備、以期民意得以集中、訓政早日完成事、竊查中央民意機關之成立、實爲本黨早具之决心、自總理主張、召集國民會議以後、日月雖邁、寤寐未忘、因是第三屆中央執行委員會、秉斯遺教、於全國統一以後、召集國民會議、製宗訓政時期約法、以樹憲政試行之初規、迨國難猝起、本黨同志與全國同胞、益感於非一德一心、不足禦侮、嚶鳴相求、於是第四屆一中全會則有國民救國會議之決議、國難會議、則有國民代表會之決議、中央於此、一方而依照上述決議案之原則、一方面遵循總理建國大綱之精神、「於第三零九次中政會議決議、「訓政時期中央民意機關、定名爲國民參政會」、於第三二二次中政會議決議、「國民參政會決議事項之最後決定權屬於中國國民黨中央執行委員會、其組織要點、及權限劃分、交起草委員擬具方案、開談話會決定後、再根據決定之方案、擬具條文」、惟國民參政會爲訓政時期中試行憲政之初規、必審愼周詳、而後能基礎鞏固、與其草率成章、徒資快意一時、不如廣作博考、使得推行無弊、用是尚有數要點、急待大會決定者、謹列舉如下、

㈠國民參政會、於民國二十二年內召集之、

㈡國民參政會代表之產生、參用選舉及延聘兩方法、

㈢國民參政會之職權、應以訓政時期約法爲基礎、參酌中政會議及國難會議所舉各點規定之、

㈣關於國民參政會之一切法規、交中央執行委員會常務會議、於四個月內、依照立法程序製定頒布施行、（十九日專電）

廿一年十二月十九
第四屆中央執行
委員會第三次
全體大會通過

憲

［南京］中委孫科等二十七人向三中全會提、集中國力挽救危亡案、二十日下午經三中全會第三次大會修正通過、原文如下、

㊀關於目前之內政、一、爲使全國人力集中各盡其才　俾得內部相安、共禦外侮、及調節中央與地方之關係、消弭一切內戰計、除另訂促成憲政召集國民代表大會辦法外、目前內政上應有下列各項之設施、甲、政府應切實履行本黨保障人民集會結社言論出版居住信仰各種自由之政綱、禁止一切非法干涉濫行拘捕、乙、各地以不設政務委員會爲原則、原有之政務委員會、至事實上無必要時即行取消、丙、一切地方措施、應由各該管轄機關依法執行、不得以臨時機關或個人名義、擅發命令、紊亂行政系統、丁、由中央委派政治考察大員、分赴各地視察施政得失、人民疾苦、按期呈報中央、中央應根據實情、確定興革、明立賞罰、此種報告及中央之對策、並須隨時公佈、以徵全國輿論之向背、

㊁關於憲政之準備、一、爲集中民族力量　澈底抵抗外患、挽救危亡、應於最近期間、積極遵行建國大綱所規定之地方自治工作、以繼續進行憲政開始之籌備、二、擬以民國二十二年三月、開國民大會、議決憲法、決定頒布日期、三、立法院應速起草憲法草案發表之、以備國民之研究、（二十日中央社電）

逕啓者昨日敝社稿三中全會通過之集中國力挽救危亡案、第二項關於憲政之準備第一款「擬以民國二十四年三月開國民大會議決憲法決定頒布日期」「二十四年」誤作「二十二年」特此函達敬希賜予更正爲荷、此致申報館　中央通信社上海分社啓

十二月二十一日

廿一・十二　第四屆中央執行委員會第三次全體大會

國民參政會之召集

此次三中全會開會之際、中央常務委員會有定期召集國民參政會之提議、且通過原則四條(一)二十二年内召集參政會議(二)其產生方法、選舉與延聘並用(三)職權以約法爲基礎(四)四個月内由中央常務會議制定法規、頒佈施行、

參政院之法規、待四個月後、由中常會議決發表、此時不應憑空懸斷、然立國之原則、初不繫乎條文而定者、固有若干方向、姑憑之以爲討論之資可乎？

放眼以觀歐戰後之政治、厥有兩大類、一曰專政二曰憲政、若俄若意屬於第一類、若英若法屬於第二類、至於德國之現狀、則爲介於二者間、意俄之制、彼等只知有法西斯黨與共產黨、法西斯黨與共產黨以外、皆不容其生存、安有如提出參政會原案者集中國民力量共負責任以渡國家難關之言耶？

既曰集中力量、而設此民意機關、則民意之參加、以何爲度、此不可不研究者也、目前之黨治、全國大政決之於全會與全國代表大會、其在平時、則爲中央常會與政治會議、假令今後參政院果成、而法案賦以立法與議預算之權、參政院所通過、是否須再取決於黨之中執會或全國代表大會、果其然也、民意立於黨意之下、以民意爲黨治之參攷而已、此與所謂共負責任、頗有間也、

縣改實驗區

廿三年所設者 山東菏澤鄒平 山西陽曲太原

榆次 河北定 湖北孝感 浙江蘭谿

其以區為實驗單位者為甘肅皋蘭等

一區

外蒙行政區域

廿二年中央調查　凡為部落　百有十旗

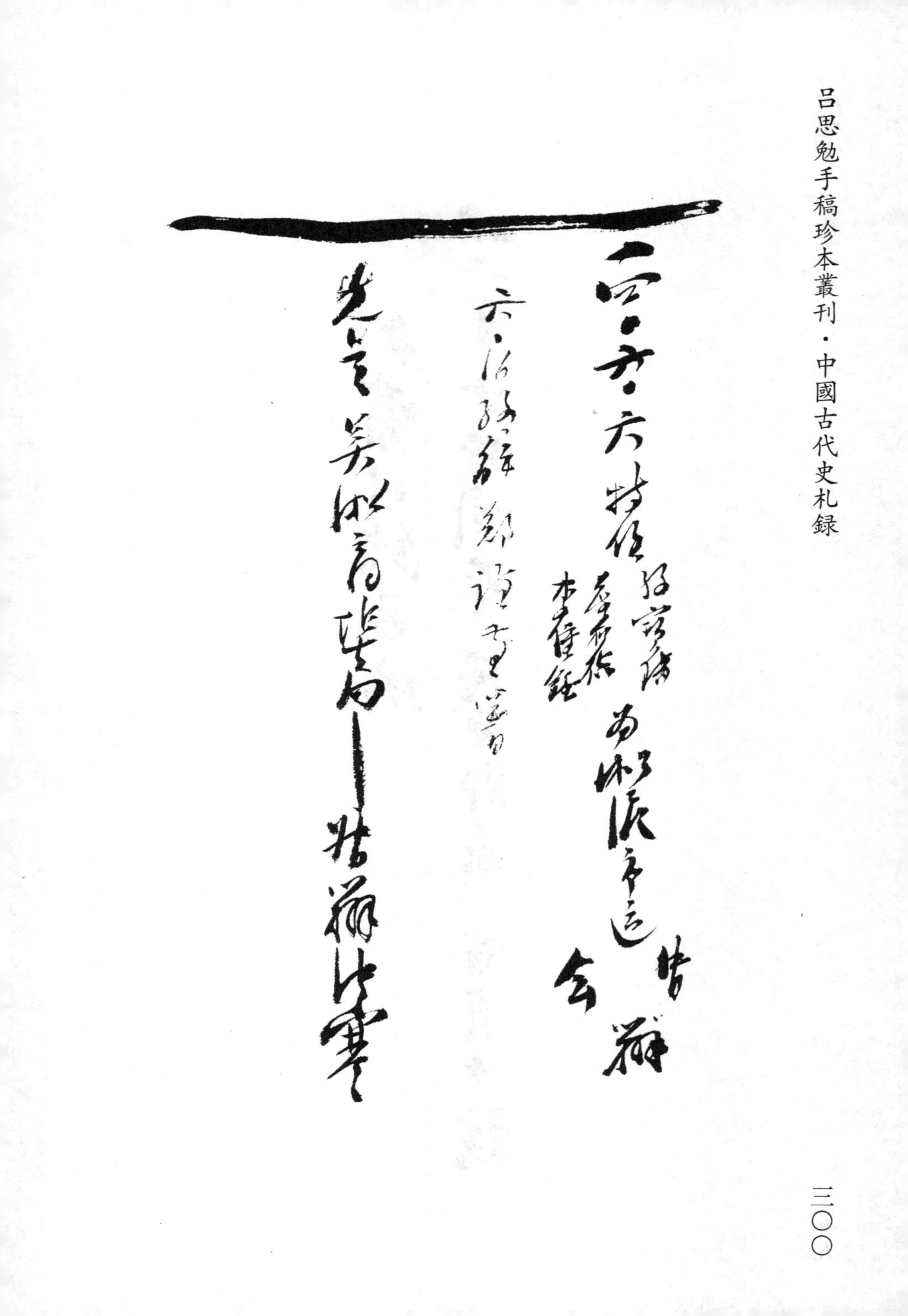

[illegible]

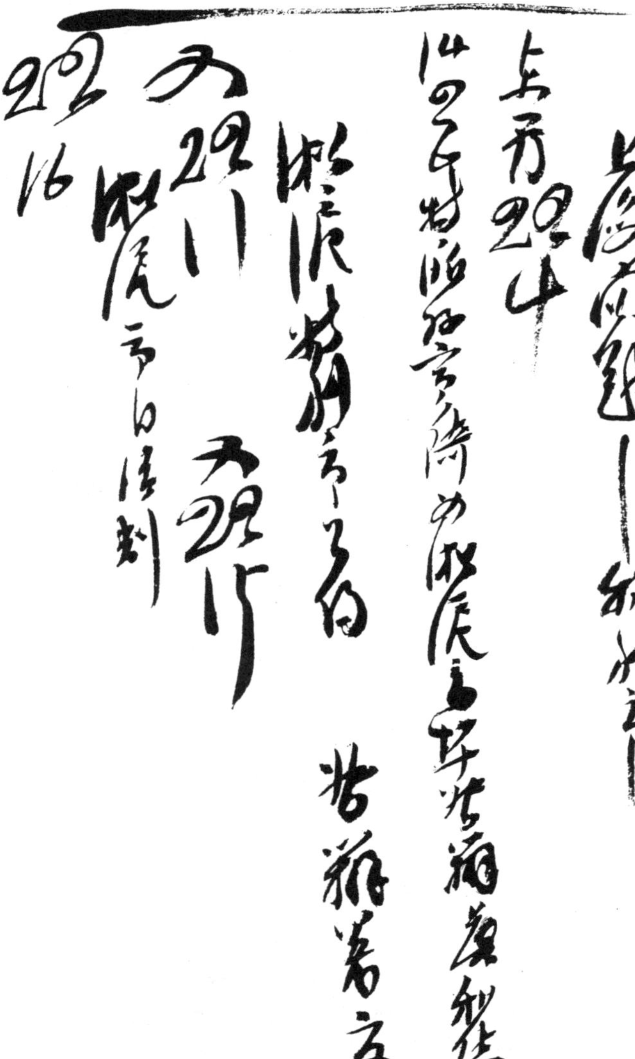

職官

訓練之原始分三等

貨偽及罰金、均六成歸公、四成歸賞、第八
八條、各特稅局之員司巡扞、如有留難需
、侵蝕稅欵等情、准由人民檢舉證據告發、
第十九條、各省區特稅總局組織章程、及各
種施行細則、由各總局按照所轄地方情形、自行擬訂、
呈由財政部核奪施行、但各總局自行擬訂之章程、不得
與本簡章之規定、有所抵觸、第二十條、本簡章於公布
之日施行、

十六、十一

碑

十八年一月二十四日國民政府令

據行政院呈、據蒙藏委員會呈、爲喀爾喀車臣汝部落鎮國公德清諾布、皆自請取消封號、以促其他王公之覺悟、洵屬深明大義、請予褒揚等語、由院轉呈前來、查德清諾布、皆以擁護黨國之至誠、躬請取消封號、願儕平民、本平等之主義、符民治之體制、謀國公忠、良堪嘉許、自應特予褒揚、以昭激勸、此令、

殘

蘇裁各縣財政局

財廳通令限二十六年四月底

行政稽之務書矣

洪猷七百于廿二年正半年唐一律調定

又廿二年九月七日蘭新局之經將

海軍總部結束業務
潯搜捕漢奸
百七十八人落網

靜吾

1939四八日蔣委員長會議中哭

實施新政策

職官

廿二、八、二六、行政院長汪精衛在紀念周報告

第二件是行政院關於公文處理之改革的經過

關於處理公文、兄弟覺得過去積弊、對於行政效率上之影響甚力、故於六月二十日在行政院會議席上、提出召開審查會議計劃改革、參加審查者、爲行政院秘書處政務處及各部會共十四個機關、歷時兩個多月、開會凡五次、各審查人員均能不辭勞苦、且於酷暑之下、照常工作、繼續研究、卒於前星期二日完成初步工作、這實在是兄弟所感佩的、

過去處理公文的手續、何以要改革呢、因爲行政是專門技術之一種、行政最重効率、而欲增進効率、則必須使行政現代化合理化、這不是一朝一夕所能奏効的、然我們今日欲求政治能負起新時代之新使命、則首先要注意於行政上之各種改革、公文處理即其一端、

過去處理公文手續之第一個弊病是「遲」、而所以遲慢的原故、因爲辦事的人歡喜把公文長期旅行、而長期旅行又可分爲兩種、其一是兜圈子、由甲機關送至乙機關、由乙機關送至丙機關、由丙機關送至丁機關、依舊由丁機關送至甲機關、這樣兜圈子的旅行、是毫無意義的、其原故在各機關遇事推宕、以致成此現象、二是沿途逗遛、一件公事送至甲機關、隨意躭擱幾天、轉送至乙丙丁、各機關亦復如此、本來一兩日可以解決的事、往往躭擱至一兩星期或一兩月、其原故在各機關遇着不能推宕的公事、仍然不肯負責、即刻去辦、以致成此現象、而所以弄成此兩種現象的原故、全因爲公文處理的方法、不能合理、所以不肯辦事的、樂得不辦事、而肯辦事的反致不能辦事、兄弟最先的感覺是有一次會議席上、想起一件各部審查的公事、久未奉覆、問起原因、原來那件公事、因爲性質上須交有關係的甲乙丙三部會同審查、而這件公文由行政院發到三部的時候、經過科員科長秘書參事之手、以至於次長部長、須若干日、三部派出審查員又須若干日、審查員審查結果報告該管長官、又須若干日、三部會稿具覆行政院、又須若干日、這已經夠兩三星期的了、假使從科員起隨意躭擱、那更多花日子了、假使三部之中有一部不能如期派出審查員、那更多花日子了、假使審查員還要各自請示該管長官、那更多花日子了、如是兩三星期以至兩三個月、毫不爲奇、我們發覺這種長期旅行的辦法、會把萬事墮壞於無形、所以即時改革、例如星期二院議、將某種公事交給甲乙丙三部會同審查、同時派本院秘書處政務處人員參加、限於本星期五在院開審查會　各審查員先期取得該管長官意旨、出席審查、意見相同、即時可以得審查結果、於下星期二報告院議、有時審查意見不能盡同、則定期再開第二次審查會、那怕再開第三次第四次第五次、那是有進行的、有意義的、與無進行無意義的長期旅行不同、我們改革了這一件公事之後、進而改革其他一切類似之公事、總之、變遲爲快、而其方法不是輕率了事、而是負責進行、因爲負責進行、則兜圈子沿途逗遛等等惡習可以除去、而公文也不致叫長期旅行的苦了、此是改革處理公文手續之第一點、

過去處理公文手續的第二個弊病是「複」、有許多不必復的公文、因爲沒有不復的

標準、於是照例的復來復去、除了替紙張店擴張銷路沒有其他意義、如今定了不復公文的標準、便省去許多時間和物力了、

改革處理公文手續之第三點爲採用標點「關於此點、有些人以爲不必要、不知道無標點則句讀不明、批核既感困難、閱讀更易錯誤、會議席上、閱讀文件、往往因句讀不明、讀者不知所以、聽者莫名其妙、採用標點、雖起稿的人、手續較繁、而核閱公文之數十八、其所節省之時間實大、不但可使公文易於批閱、有時還可以免除許多不必發生之錯誤、記得有一段故事、」一個兒子、寄了八個月餅給他父親、信上寫着「寄上月餅八個父親收用、」因爲沒有標點、本來是「寄上月餅八個、父親收用、」的他的父親讀作「寄上月餅八個父親收用、」於是懷疑起來、說道「八個父親、我是一個、其他七個那裏去找呢、」這固然是笑話、但司法訴訟案件上、居然有類此笑話的實事、從前有一個人家死了兒子之後、遣他媳婦歸寧、立了一條字據道「准你回家嫁不得回來服侍我翁姑」本來是「准你回家嫁、不得回來服侍我翁姑」的、後來發生糾紛、讀作「准你回家嫁不得回來服侍我翁姑、」意思便完全相反了、這都是不用標點之弊、這雖然不是常有的情事、然由此已可見標點之重要了、

第四點是公文檢查、公文固然怕遲、同時也怕漏、此次改革有嚴密之檢查規定、使公文不致有「遲」與「漏」之弊、

第五點是檔案整理、因爲從前處理檔案的法子不好、致使負責長官、對於案情內容、往往疏忽、無從查考、如今規定、有總檢查卡片之設置、使最高級長官、知全部之內容、如圖書目錄然、并定整理方法、使易於檢查一索可得、

以上五端、可以說是這次處理公文改革的幾個要點、至於詳細條目、經已擬定規程、曾參加此次審查會議的當能爲同僚諸君一一詳述、兄弟今天不過略舉一二、以促諸君之注意而已、此次改革、只是處理手續範圍、而且只是一個起端、至於公文程式之根本改造、則尚須繼續注意、以求達到最後之目的、這又是兄弟所希望於本院同僚諸君、與各部會全體官員的、

末了、還有一點、是兄弟所希望於同僚的、剛纔所說、將公文來長期旅行、是各級職員間通常易有的病毛、可是除了這件毛病之外、還有一件更大的毛病、便是將公事永遠監禁、這件毛病、惟有長官乃有此威權、本來長官對於一件公事、可以可決、可以否決、可以修正、可以審查、這些都是有進行的、惟有不可不否不加修正不付審查、而將他塞在公事櫃中的抽屜裏頭、那就是沒進行了、那公文便被監禁起來了、這種監禁、少則幾星期、多則幾個月、或竟毛無期、所以說是永遠監禁、這種永遠監禁、是無進行的、兄弟對於公事有一個信念、是進行、進行有善有惡、不進行似乎無善無惡、然萬事墮壞於無形、可以說純然是惡、是萬萬要不得的、兄弟要求各位同僚、如果兄弟有將公文監禁起來的時候、各位同僚必須對兄弟提出抗議、長官雖然有威權、但他的威權、只能用於可決否決修正審查等等進行的意義上、而不能用於不進行的意義上、兄弟自己痛心疾首的、要除去這些積弊、兄弟因此誠心實意、求各位同僚共同除去這些積弊、這些積弊、各機關均有、是長官的罪惡、不是屬員的罪惡、但是屬員如有不斷的提出抗議、則長官至少也可少犯些罪惡了、這是兄弟末了、所希望於各位同僚的、（二十八日中央社電）

彼

英局改隸警察局

上海市廿六年元旦寫

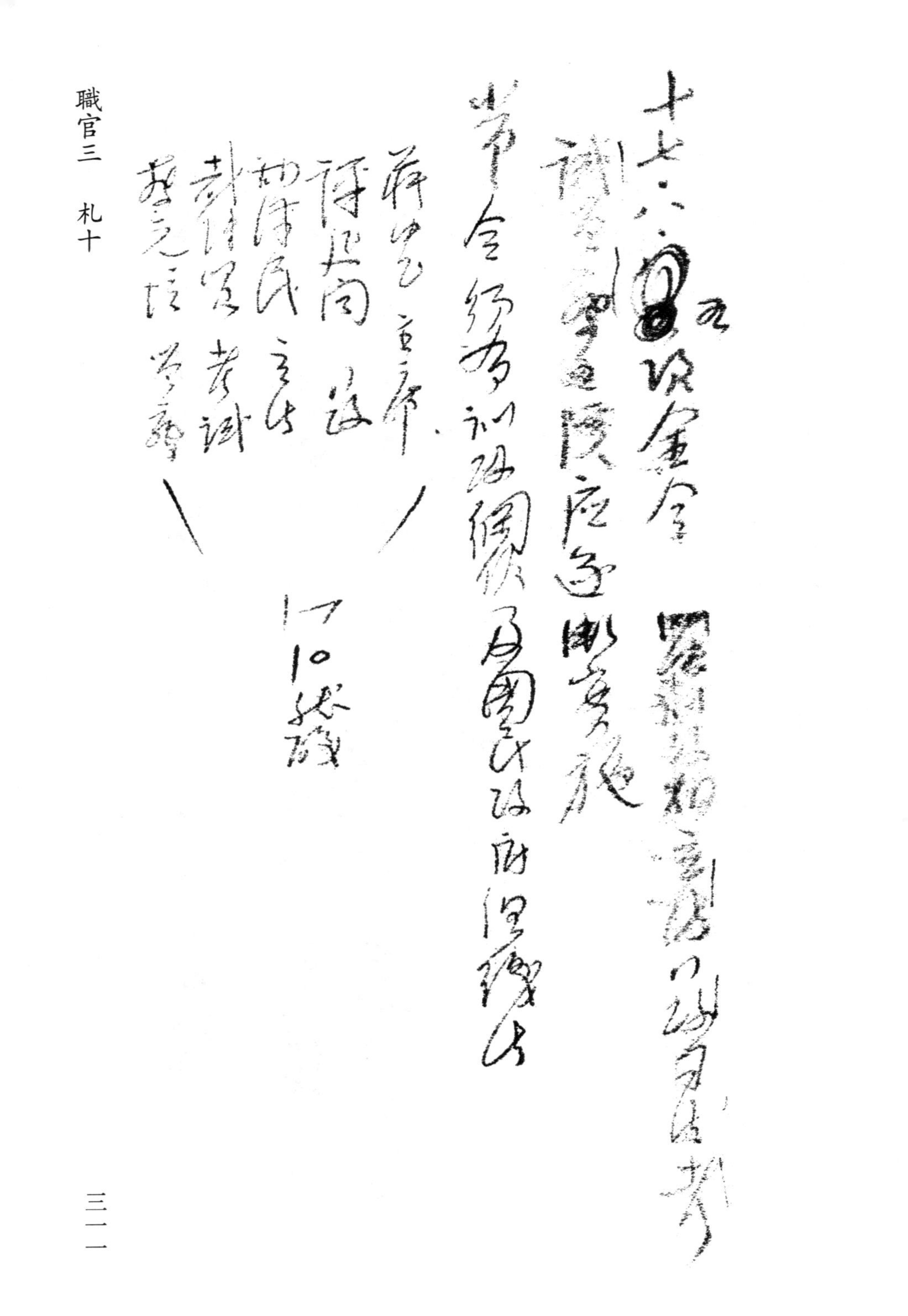

[illegible]

[illegible]

[illegible]

[illegible]

[illegible]

[illegible]

[illegible]

[illegible]

十六年四月清黨　十一月黨中央全會開會議決

舊組織、宣傳兩部外，另農民、工人、商人、青年、婦女部

分化附設，且出組織、宣傳外，組織、宣傳兩部　亦歸過問

從來黨對于民衆　總認過所利用

宣傳

組織

訓練

除黨員重行登記整理各地黨務法外

根據第二屆第四次中央執行委員會全體會議

右与右
呈收開列(兼判事)
黨務指導委員會□□　——　——　中央組織部
照市丶
右黨務指導委員會中央執行委員會遴選人員組織
照市
指導委員會　黨務指導委員會中央有黨務指導委員會遴派
右黨務指導委員會黨務整理黨務期間代行黨部委員會職權
令之[redacted]期限至右黨部成立之日止
於是日正式成立之時(兼判事)此呈中央組織部保障據實報理不誤
須知新閣比方代表大會

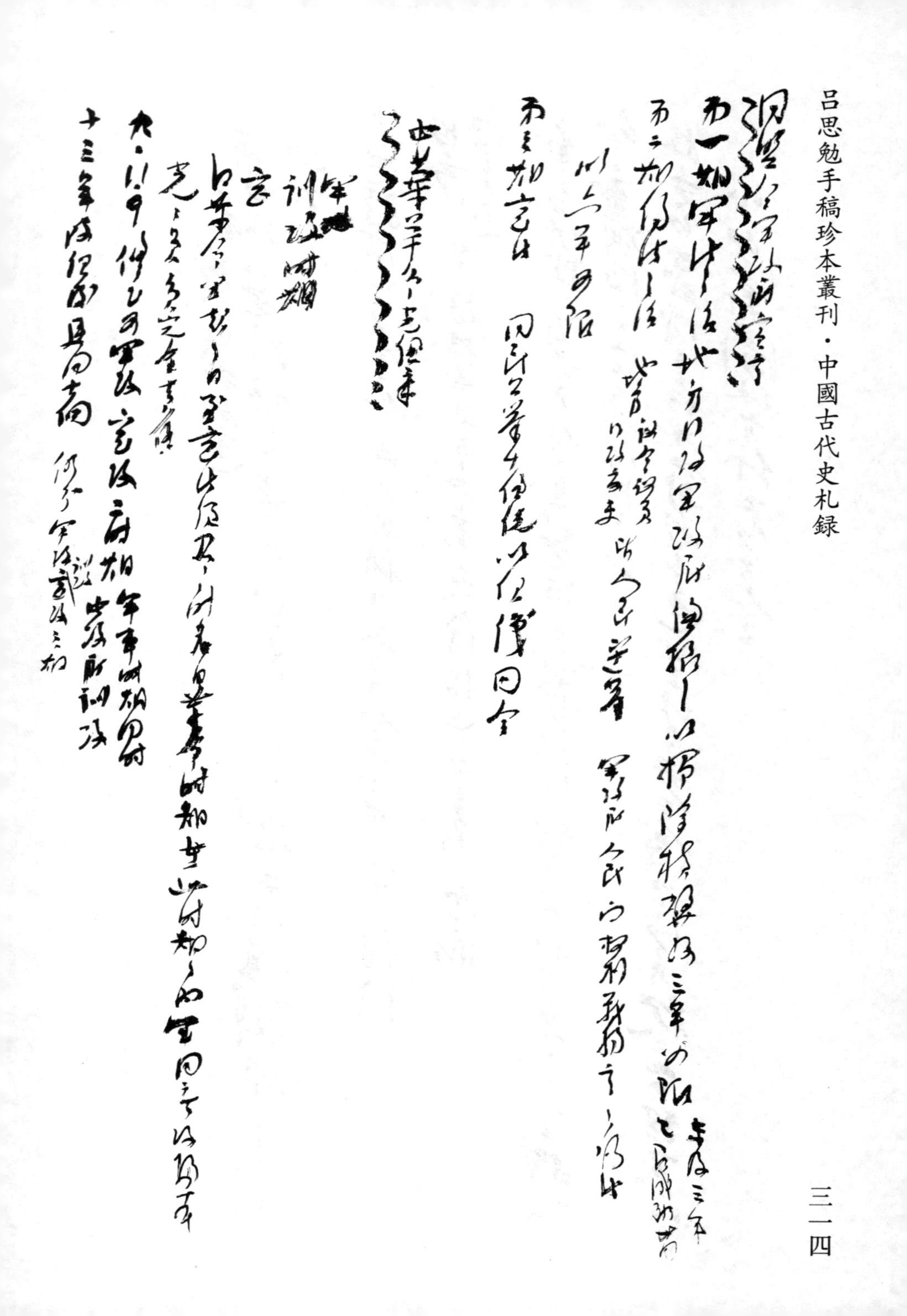

[illegible]

十七·十·三　中常務會通過訓政綱領

（五）指導監督國民政府重大國務之施行，由中國國民黨中央執行委員會政治會議行之

（六）中華民國國民政府組織法之修正及解釋——

——議決行之

山東以常會、
國府會議、
如有一正副不合
其實先、據政府組織法——此先後同等

主其事者皆號都督旋由各省都督府派員在上海開會稱各省都督府代表聯合會議決以武昌為中央軍政府旋分代表之半赴鄂組織臨時政府議決臨時政府組織大綱臨時大總統由各省都督府代表選舉每省一票得票三分二以上為當選各省都督府各派三人組織參議院參議院未成立前以各都督府聯合會代之時南京光復又議決以南京為中央政府所在各省代表限七日內齊集南京開臨時大總統選舉會而是時留滬代表忽又舉黃興為大元帥黎元洪為副元帥以大元帥組織臨時政府赴鄂代表通電否認旋議決緩舉臨時大總統仍承認上海所舉大元帥副元帥於臨時政府組織大綱中追加一條曰臨時總統未舉定前由大元帥代行其職權黃興辭職推薦黎元洪為大元帥議決以元洪為大元帥興為副元帥又於臨時政府組織大綱追加一條曰大元帥不在臨時政府所在地以副元帥代行其職權初清人設資政院於中央諮議局於各省以為國會及省會之豫備也民軍起清人宣布十九信條其第八條云總理大臣由國會公選皇帝任命第十九條又謂國會未開會前資政院適用之於是由資政院選袁世凱為總理監國攝政王載灃退位派唐紹儀為代表至上海與民軍代表伍廷芳議和議定以

國民會議議決國體會孫文歸自海外十一月初十日即陽曆十二月二十九日江蘇安徽江西浙江福建湖北湖南廣東廣西四川雲南河南山東山西陝西奉天直隸各代表舉文為大總統通電改行陽曆以明年為中華民國元年孫文以元年一月一日就職於是唐紹儀辭職由袁世凱與民國商定優待清室及滿蒙回藏各族條件清帝於二月十二日退位數千年之君主專制於是革除

清室既退位孫文辭職薦袁世凱於參議院十五日參議院舉世凱為臨時大總統參議院初議決臨時政府移設北京已又議決改設南京使迎袁世凱就任北京及天津保定相繼兵變乃議決復設北京參議院亦北遷

臨時政府組織大綱第二十條臨時政府成立後六個月內由臨時大總統召集國民議會後加制定民國憲法六字參議院成立修改臨時政府組織大綱為臨時約法。其第五十三條云本約法施行後限十個月內由臨時大總統召集國會第五十四條云中華民國之憲法由國會制定憲法未施行以前本約法之效力與憲法等約法以三月十

一日公布施行國會於二年一月十日召集四月八日開會

國會開會後組織憲法起草委員會起草於天壇其所成草案世稱為天壇憲法草案旋有贛寧之役國會議決先舉總統後議憲法乃先公布總統選舉法選舉袁世凱為總統十月六日明世凱旋解散國民黨國會議員有黨籍者皆追繳證書徽章國會遂不足法定人數先是政府命各省行政長官派員至京開行政會議及是改為政治會議[illegible]世凱以國會事諮詢之明年正月據其呈覆停止兩院議員職務政治會議呈請特設造法機關議決約法會議組織條例三月十八日約法會議開會修改臨時約法為中華民國約法於五月一日公布據此約法立參政院并令代行立法院職權臨時約法為內閣制及是改為總統制以大總統為行政首長置國務卿一人贊襄之

四年籌安會起各省旅京人士組織公民請願團請願於參政院求變更國體參政院請召集國民會議解決之遂議決國民代表組織法公布十二月十日各省投票畢凡千九百九十三票悉贊成君主立憲并委託參政院其明為總代表於其明日推戴袁世

凱皇帝表許改國體而辭位參政院再推戴乃許之設大典籌備處改明年為洪憲元年
二十五日護國軍起於雲南世凱遣兵攻之不克明年三月十二日復下令消帝制欲與
護國軍議和護國軍要世凱退位并恭承副總統黎元洪為大總統六月六日世凱卒明日
元洪就職而中南各省未承認元洪為總統也以元洪未能躬親職務據大總統選舉法副
總統缺位當由國務院攝行而國務院非大總恢復臨時約法召集國會憲法會議再後
開
六年五月十日衆議院討論對德宣戰案有自稱公民團者迫議員通過於是外交司法
農商海軍各總長辭職衆院以閣員不全宣戰案應俟內閣改組後再議時各省督軍方
等方在京開國軍事會議分呈大總統國務總理指摘憲法草案條文之誤謂制憲不宜
由國會請即解散旋赴徐州開會二十三日黎元洪免國務總理段祺瑞安徽省長倪嗣
沖宣言與中央脫離關係奉天陝西河南浙江山東黑龍江直隸福建山西繼之嗣沖等
派兵赴津在天津設總參謀處黎元洪令安徽督軍張勳來京共商國是勳至津要元洪

解散國會而後入七月一日動以溥儀復辟元洪走日本使館電請副總統馮國璋代
理國務以段祺瑞為國務總理段祺瑞起兵討賊十二日復京師四日
京師既復黎元洪辭職七月十四日馮國璋入京八月一日國會之解散也六月十二議員宣言其命
令為無效廣東西宣言國會未恢復前軍民政務暫行自主重要事務逕行稟承元首不
受非法內閣干涉雲南亦宣言擁護約法海軍總司令程璧光第一艦隊司令林葆懌亦
率艦隊南下議員以八月二十五日開非常會議於廣州議決軍政府組織大綱設大元
帥一人元帥二人約法未恢復以前行政權由大元帥任之對外代表中華民國九月二
日選孫文為大元帥唐繼堯陸榮廷為元帥七年五月十日兩院聯合會修正軍政府組
織大綱置總裁七人選孫文唐紹儀唐繼堯伍廷芳林葆懌陸榮廷岑春煊為之以各部總長為政務員以政務院
贊襄總裁會議行使行政權軍政府約法大總統之職權則代理國務院以攝行之是年
六月十二日國會在廣州開正式會議憲法會議亦續開北方則於六年九月召集參議
院修改國會組織法兩院選舉法重選新議員於七年七月召集八月十二日開會是為新國

會選徐世昌爲總統，于閒之以十月十月就職。南方之國會亦委託軍政府代行國務院職權，攝行大總統職務。

先是南北有戰事，徐世昌既就職，飭前敵停戰，南北各派代表開和平會議於上海（南方派唐紹儀，北方派朱啟鈐等），議卒無成。十年十月下兩院議員通電岑春煊陸謨尚和離粵另擇地開會且在粵滇軍與粵軍衝突伍廷芳赴上海。先是七總裁之選出也，孫文唐紹儀迄未就職。九年二月在粵滇軍與粵軍衝突，伍廷芳亦赴上海，軍政府免其外交財政部長之職。十月兩院議員通電，改派溫宗堯爲議和總代表。四月，兩院議員通電岑春煊陸謀苟和，離粵別行擇地開會，且言孫文唐紹儀在滬亦無代表出席，唐繼堯已許其代表辭職，伍廷芳又離粵，政務會議已不足法定人數，免伍廷芳等事概屬違法，不生效力。旋開會於雲南。撤岑春煊，代以劉顯世。八月廿七日，議員之留粵者則補選熊克武溫宗堯劉顯世爲總裁，以代孫文唐紹儀伍廷芳。未幾，陳炯明自漳泉返粵，岑春煊林葆懌陸榮廷溫宗堯通電解除軍府職務，徐世昌遂於三十日下令接收。孫文唐紹儀伍廷芳唐繼堯宣言否認，文等旋反粵，會議

二十年來中國政黨之

東方21/1

國民黨之5九新舊黨之

問題

文

宮之樞密院

府屬在 樞密 錢穀 印鑄 小料四局

宣徽院

左翼 宣史之提點

實行院

局

修務局 十年設

驗制局 二年設

明制局 二年設

一局入 捍務

總管事務 八年設

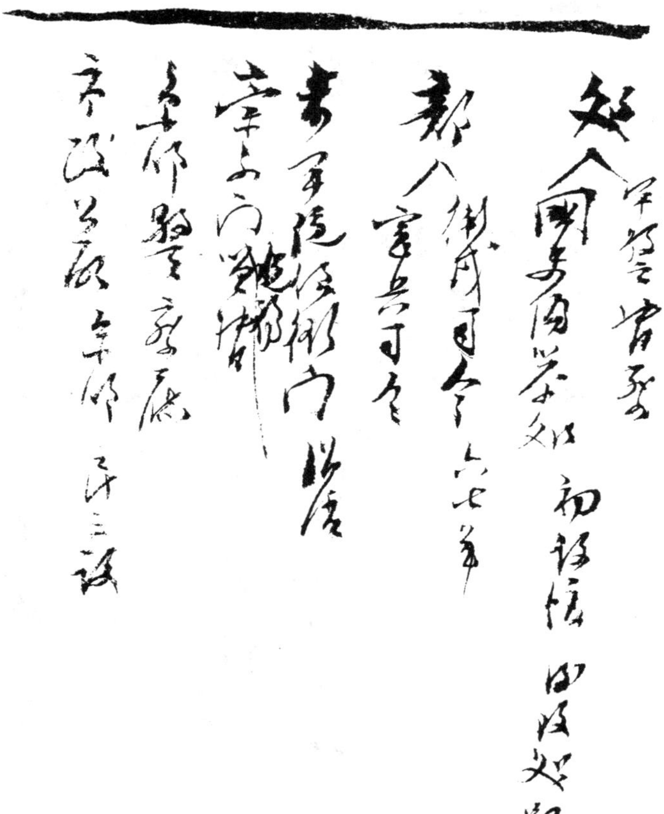

前後 初興三君 賢不肖

西園 呂后初年 六年載

西域諸國 十年 鹿四 諸國羈 十二

壯年 職㗊 郭伋 樊宏傳 陰興傳

皇妻八 附郭后傳 附郭況傳 二曹后傳 劉后傳

胡廣傳 文帝傳 傳

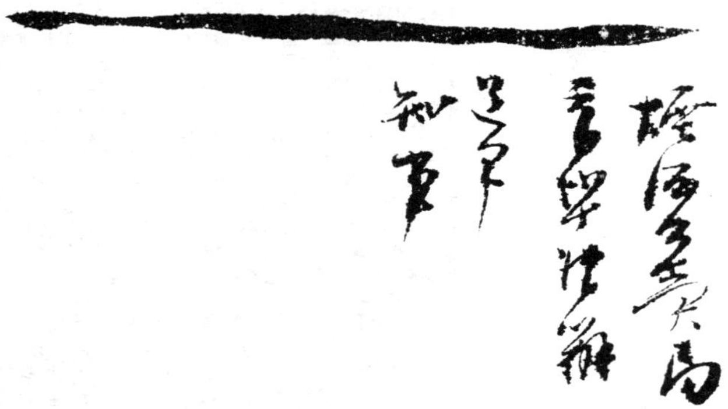

4

戶口

役法

振卹

匠畫

法權之獨立、與考試監察各權同、惟於司法行政與司法審判二者調度上應如何組織、未嘗多所指示、茲爲審慮考究、司法行政與司法審判二者、宜分而不宜合、蓋就五權制度言、司法權如其行政與審判合、其弊將使司法權陷落於政府整個系體之外、而事實上司法上行政一部份、轉足以侵害司法審判之獨立、此不特失司法獨立之本旨、且非國家創造之大體、因此本大綱仍以司法部掌司法行政事務、而以司法院掌理獨立審判之全責、如是則數年來司法獨立方面所已得之改革、亦能保持其循序之發展矣。（五）最後所當提明者、爲考試監察兩院之職權、本大綱於此明示政府各院各部事務員吏、必經考試銓敘、使得任用保障、而於行政院各部及立法院分組委員、俱有任用專門人材之規定、以立革新吏治之權輿、至若全國公職人員之監察、財務出納之審計、其關

國府應行五院制組織以後、中央政治會議之職責、頗有若干之變遷、中央政治會議在國民黨歷史上之沿革甚長、而其職務迄未以明文詳晰規定、十四年六月以政治委員會之決議案、亦僅曰「關於政治之方針、由政治委員決定」而已、唯本年二月中央第一九次常務會議通過之「中央政治會議條例、」吾人始獲見其職權範圍之一斑、該條例之第三條曰、「凡一切法律問題經中央政治會議議決、由中央執行委員會交國民政府執行之」、第四條曰、「凡重要政務須經中央政治會議議決交國民政府執行、」而其性質則規定於同條例第一條、即「中央政治會議爲中央執行委員會特設之政治指導機關」是也、該條例雖僅寥寥七條、然中央政治會議之應討論而決議者、包括法律與重要政務、則規定甚明、過去數月中重要法律案如立法程序法、監察院審計院組織法、修正國民政府各部院組織法、修正省政府組織法、市及特別市組織法、以及審計法、會計法、刑事訴訟法、勞資爭議處理法、著作權法、暫行反革命治罪法、土地徵收法、等、皆由中央政治會議立法工作中之可紀述者、今立法院既決定成立、則此後法律案之議決、即能待於中央政治會議、此揆諸事實上當然之變遷」、又關於重要政務、必先由中央政治會議議決後交國府執行者、固爲慎重政務、使黨義得與實際行政更有密切之灌注、但立法本意、或亦因當時軍事正在進行、規劃草創、國府組織未臻完密之故、今若五院一齊成立、分職既專、而國府常委又能常川駐京、則一切從前須經政會議決關於官制與行政機關之變遷、可由政府[illegible]事宜、提交國府常會討論決定之、惟權限上可有之變遷」、故自國府依五院制組織以後、中央政治會議之事務、必較前爲簡、蓋黨治之推論也、此之變遷、吾人以爲極有益於黨政之進展、蓋中[illegible]

工業

央政治會議之性質、為中央執行委員會下之最高政治指導機關、以胡漢民氏提案之用語明之、為全國訓政之發動與指導機關、實際上握有訓政時期一切根本方針之抉擇權、為黨與政府間唯一之連鎖、曰發動、曰指導、其為別於應付與處理、蓋彰彰明甚、以後者往往為他動的、而前者則為自動的、過去中央政治會議以忙於立法事務與決定要重政務之故、對於確定根本方針以指導政治之一責任、除因外交軍務與一般治安上之必要而為隨時之決定外、吾人殊嫌其未能充分克舉其實、此作當時或為時間與事務所限、今而後庶幾更得專精其事、使黨義與政治、益增其密接之度、而收敏活作動之效果、事專則舉、固一般之期望所應爾也、

在五次全會以前、中央政治會議既以胡漢民民等所提之訓政大綱案提出全體會議、今後中央或將本此大綱以規定政治會議之規程、依據該項大綱、政治會議所應討論決議之範圍、為㈠建國大計、㈡施政方針、㈢對內對外應取之政策、㈣政府各院委員各部部長之人選、㈤軍事大計、㈥各政治分會決議之審查、除四六兩項而外、皆過去中央政治會議之所應為而未暇為者、而吾人認為尤要者、厥為第二項對內對外應取之政策、蓋國民黨雖已有明定之政綱、而僅有政綱、決不能遽期其實現、是必分步驟、明緩急、應時勢之宜、定張弛之度、而最後又必不離革命的建設之目的、而後狡者無所用其觀望、昧者無所用其驚疑、今外交懸案、待決甚多、經濟秩序之建設與人民權利之限界、在此訓政開始、又亟需有整套之政策、明定其不可放棄與不可踰越之範圍、中央政治會議之任務、蓋視昔日為彌重、取譬明之、國民政府之五院、猶之前部敵統軍之將帥、而政治會議、則決定軍略之參謀本實之外交內政的政策也久矣、吾人於五院組織之怡、敢以此期望於今後之中央政治會議、

一七八

▲取銷政治會議設立各種專門委員案　(一)本黨久已標明以黨建國、以黨治國、故一切建國治國之方策、必須由黨決議、而黨之最高權力機關、在全國代表大會閉幕期間、厥唯中央執行委員會、故一切黨務政治之大計、自應由中央執行委員會直接決議而指導之、此等最高之決議權、絕對不容旁落者也、故中央執行委員會必須全體集中於中央、以行使職權、在中央執行委員會健全的行使職權之下、介於黨與政府二者之間的中央政治會議、實無設立之必要、若謂集思廣益起見、宜羅致專家、以備諮詢、則儘可在中央執行委員會之下、設立各種專門委員會、此項專門委員會、得各就其所掌事務、擬定具體計劃、隨時貢獻、初不宜另設中間機關、以致黨不能直接指導政府、即不啻於黨與政府間無端加一層幕障、故爲提高黨權、嚴密黨與政府之關係計、應取銷政治會議、(二)查政治會議最初設置之理由、乃爲保守政治上之秘密、因而推選少數委員、爲政治委員會委員、專司計畫及指導政治之責　第其結果、徒使未列席政治委員會之中央委員對於中央政治之設施、失却與聞之機會、未免多所隔閡、因而對於列席政治委員會之中央委員、往往發生誤會、疑其有壟斷把持之嫌、此一部分列席政治委員會之中央委員、負此重大責任、苦心焦思、尚不能得全體中央委員之諒解、不免有所失望、過去黨的各種糾紛、此爲其重要原因之一、迄本屆第三次全體會議決議擴大政治委員會之組織、由中央常務委員九人及中央委員六人組織之、但重大事件、仍須交中央常會決定、始能施行、其組織之人數、雖較在廣東時爲多、而其權限則較在廣東時爲小、故行之尚無若何流弊、然細加考慮、則如此組織之政治委員會、實等於駢枝機關、蓋常務委員九人既全體加入、則與常務委員會何異、且其議決案之重大者、仍須交中央常務會通過、則同一事也、而經同樣的兩次議決、稽延時日、阻滯進行　是其設立、直毫無意義之可言矣、至於現在之中央政治會議、則其組織更不健全、該會議之委員、既不限於中央委員、又不由中央推舉、以致分子複雜、黨權旁落、最高權力機關之中央執行委員會對於政治軍事外交等要政、反不能過問、殊與本黨以黨建國以黨治國及一切權力歸於黨之意旨、大相違反、倘該會之決議案、不幸而有違反黨義及中央決議之處、則政府將有無所適從之苦、故爲統一黨的指導機關、健全中央組織、並免除隔閡與誤會計、亦應取消政治會議、根據以上理由、謹提議如下、㈠取消政治會議、所有關於政治事件、由中央直接決議、指導國民政府辦理、㈡在中央執行委員會之下、設立各種專門委員會、如內政委員會・經濟委員會・教育委員會・外交委員會・軍事委員會・法制委員會等、專爲中央諮詢機關、不得直接指導政治、　右所提議、是否有當、敬祈公決、　提議人朱霽青　周啓剛・郭春濤・恩克巴圖、

[illegible]

錄事若干人、均由秘書長遴選合格人員充任之、第十一條、本處職員自科長以下、全部調用中央各處會工作人員充任、不另支薪、第十二條、本條例由中央執監委員會議決施行、（十二日中央社電）

資格審委會組織條例

【南京】中央常會十二日晨舉行六十六次會議、通過臨時全國代表大會代表資格審查委員會組織條例如下、第一條、本委員會由中央執行委員會推定委員三人、中央監察委員會推定委員二人組織之、第二條、各代表報到後、應即向本委員會繳驗黨證及當選之證明文件、第三條、有左列情事之一者、應撤銷其代表資格、㈠不合規定資格者、㈡有反動之言論或行爲者、㈢選舉不合法或查無實事者、第四條、代表證書審查合格後、由本委員會給予合格證書、第五條、審查結果、應報告於代表大會、第六條、本條例由中央執行委員會議決施行、（十二日中央社電）

隋

鄴以後情案書參

廿・九・二六，就脩

竣

九・二六寫西十區

◎豫鄂皖設

行政督察專員

▲兼任保安司令收實權統一之效

▲鄂分十區先實行人選在物色中

漢口通信、豫・鄂・皖・三省勦匪總司令蔣中正、以勦匪期間、須政治與軍事並重、惟省縣之間上下遠隔、秉承督察、兩俱難周、乃決於三省分區設立行政督察專員、兼保安司令、並兼所在地之縣長、主持軍民兩政、有前清兵備道事權統一之長、無民初道尹制積壓公文之短、該項專員公署組織條例、業已擬定、十九日頒發三省政府、並訓令說明創設此項新制之意義、聞鄂省將先劃十區實行、人選正物色中、豫・皖・兩省繼續分區設立、二一・七・六中央政治會議關於蘇浙皖贛設置行政督察專員行政監督及行政院轉送内政部擬定之行政督察專員暫行條例呈奉准由省政府於縣長中擇定人選派爲行政督察專員其詳細辦法呈行政院核定

職

㈥石委員瑛等取消省政府委員制、改爲省長制、以利行政案、決議、原則通過、至省制組織省政府與中央各機關、與縣政府及與綏靖主任之關係、均交政治會議詳細規定、原提案內關於省政府組織其他部分、併交政治會議參考、（二十日中央社電）

廿一・十二　第四屆中央執行委員會第三次全體大会

政——區畫

縮小省區

一九三一四中全會決議　省區應重行畫定酌量縮小其區畫及其實施辦法由中央政治會議組織專門委員會詳細研究擬具方案送請中常會提出全國代表大會或國民會議決定之

省政府組織法

〔南京〕省政府組織法、業經十八日立法院七十三次會議、修正通過、原文共二十二條、即呈府公布、要點如下、㊀省府依國府建國大綱、及其他中央法令、綜理全省政務、㊁省府於不抵觸中央法令範圍內、對省行政事項、得發省令、並得制定省單行條例及規程、但關於限制人民自由、增加人民負担者、非經國府核准、不得執行、㊂省府對所屬各機關命令或處分、認爲有違背法令、逾越權限或其他不當情形時、得停止或撤銷、㊃省府委七人至九人、簡任、組織省府委員會、行使職權、省府設主席一人、由國府就省府委中任命之、省府委會開會時、省委不得派代表出席、省政府主席及委員、不得兼任他省行政職務、現任軍職者、不得兼省政府主席委員、㊄省政府主席職權、(甲)召集省委會於會議時爲主席、(乙)代表省政府、執行省委會之議決案、(丙)代表省府、監督全省行政機關職務之執行、(丁)處理省府日常及緊急事務、前項省委會、除例會外、有委員三人以上提議或主席認爲有必要時、應召集臨時會、㊅省政府主席因故不能執行職務時、得由省委互推一人、暫代主席職務、其期間以一月爲限、㊆省府設秘書處・民政廳・財政廳・教育廳・建設廳・必要時得增設農礦廳、㊇工商廳及其他專管機關、在未設農礦廳或工商廳之省、各該廳事務、由建設廳掌理之、㊈秘書處設秘書長一人、簡任承省府主席命、綜理秘書處事務、㊉各廳設廳長一人、由行政院就省委中提請國府任命、綜理各該廳事務、指揮監督所屬職員

行政程機關

十八・一

如寶山縣之部淞滬警察廳轄境、爲商埠轄境、不隸於
省、蓋特別市也、淞滬警察廳轄境者、在上海爲上海閘
北蒲淞洋涇四市、引翔法華塘橋三鄉、在寶山爲吳淞商
埠及高橋殷行江灣彭浦真茹五鄉、十六年國軍奠定江蘇、
定上海爲特別市、直隸於中央政府、仿淞滬商埠原轄境
外、增寶山縣之大場楊行二鄉、松江青浦兩縣七寶鄉之
一部、及松江縣莘莊鄉之一部、南匯縣周浦鄉之一部、
計跨地五縣、有市鄉三十、占地一百十餘萬畝、北濱海
口、界寶山、西界嘉定青浦松江、南界奉賢、東界南匯川
沙、東西廣約七十里、南北袤約百餘里、經緯度南北在
北緯三十三十一度間、東西在東經一百二十一百二十
一度間、此上海特別市全境也、

▲行政區畫之沿革　上海全境區畫、起於清咸豐末之團練、當時地方行政、取辦事之便利、分爲城廂局、鄉局二十有二、各局就近勻配、分領各圖、光緒三十二年、興辦學務、畫立學區、即以二十二鄉局定爲二十二區、而畫出城局北境爲老閘區、南境爲城廂區、凡二十有四區、茲將各區名稱並轄圖數及屬隸何保、列表如次、以資一覽、

城鄉別	區別	轄圖數	屬隸何保
城廂	城廂區	九	九圖均隸二十五保
	老閘區	三	三圖均隸二十五保
南鄉	江境廟區	九	隸二十四保者一圖、二十五保者三圖、二十七保者五圖
	漕河涇區	十	隸二十四保者一圖、二十六保者九圖
	塘灣區	八	隸十八保者二圖、二十一保者六圖
	曹行區	九	隸十八保者七圖、二十六保者二圖、

慶附之上海直轄市十一個
三十年後之劃分於滬之十六鄉之
首
十之林符等情蘇組織滬民
而其指稱之區域以上海全縣之

自治

蘇市鄉行政新組織

設市政局及鄉政局
職務範圍詳細規定

二日中央社云、江蘇省政府以軍事結束、地方建設、不容或緩、而地方行政制度、尚未從新規定、進行殊多窒碍、民政廳有見及此、特擬具市鄉行政組織大綱、規定市鄉行政區域、及掌理權限、條例井然、以視昔日縣長以下、只設地保者、大有天淵之別、聞該大綱、業經政務會議修改通過、茲錄於次、

㈠市鄉行政區域、暫以原定之自治區域爲準、但屬於中央指定爲特別市者、不在此限、㈡市鄉行政機關、爲市政局、鄉政局、各設局長一人、直接受縣政府之監督指揮、總理各該市鄉行政事務㈢市鄉行政之範圍如左、（1）財政及公債事項、（2）公安風紀及消防事項、（3）土地之測量及登記事項、（4）港務及航政事項、（5）公產之管理及處分事項、（6）戶口物價勞動狀況及人民生計職業之調查及統計事項、（7）農工商之提倡改良、及保護事項、（8）慈善教育及輔佐黨化宣傳事項、（9）交通電汽電話自來水及其他公用事業之經營及取締事項、（10）街道溝渠水利橋梁及其他關於土木工程事項、（11）衛生及公共娛樂事項、（12）縣政府委任辦理事項、以上各事項、凡與財政建設教育有關者、應由各局長秉承縣長、受各主管機關之命令指導、㈣爲執行上條所列之行政事務、得設左列各股、（1）總務股、（2）財政股、（3）公安股、（4）教育股、（5）建設股、以上各股在事務較簡之市鄉、得以局長兼任股務、或各股酌量合併、㈤每股設股員一人、承局長之命、辦理主管股事務、此外酌設書記雇員等若干人、以佐理之、㈥局長股員、暫由縣長遴選本市鄉公正人員、具有相當之學識經驗者、委任之、並呈報省政府及民政廳、暨各主管機關備案、其餘各員、均局長委任、㈦局長得依法令或受委任、制定公約公告、呈報縣政府核准發佈之、㈧局長股員、均爲給職、其薪額由縣政府核定、於各該市鄉行政費內支給之、㈨市鄉行政費、以原有之各區自治經費充之、㈩局長股員之任期、暫定爲二年、但任期中遇有不稱職時、得由縣長呈准民政廳撤免之、⑪市政局鄉政局之預算辦事細則、由縣政府擬訂、呈請民政廳核定、⑫本大綱由省政府政務會議通過、公布施行、並轉呈國民政府備案、

自治

蘇省市鄉局長任免條例

以人材主義爲原則

七日中央社云、江蘇省各縣市鄉行政組織大綱、前由民政廳擬定、經政府會務通過、已誌前稿、茲悉該廳以市鄉行政之人選、關係至爲重要、若不嚴定標準、進殊多窒碍、特再擬市鄉行政局長任免條例、提出於今日(五日)之第三十一次政務會議、詳加討論、修改通過、茲探錄其條例於次、

(一)本省各縣市鄉行政局局長之任免、依本條例之規定行之、(二)市鄉行政局局長之任用資格、分考試保薦兩項、(三)有左列資格之一者、得與考試、㊀曾在官廳立案之法政、或自治各講習所畢業者、㊁曾任行政職務二年以上、或辦理地方自治事務三年以上者、㊂本黨忠實黨員、具有政治學識或經驗者、(四)考試由民政廳組織考試委員會、呈報省政府核准行之、(五)有左列資格之一者、經各縣縣長保薦、由考試委員會審查確實、得暫免考試、㊀合於第三條第一項之資格者、曾任行政職務二年以上者、㊁合於第三條第二項之資格、係各種專門學校以上畢業者、㊂曾任行政職務或辦理地方自治事務人員、努力黨國著有勞績者、(六)有左列情事之一者、不得參與考試、其已經錄取或任用者、應分別撤銷或免職、㊀有反革命行爲審查確實者、㊁叛黨跨黨有證明者、㊂貪官污吏、或土豪劣紳、經人告發、曾受處分者、㊃曾受刑事處分者、㊄曾受奪官或褫職處分尚未開復者、㊅曾受褫奪公權處分、尚未復權者、㊆虧短地方公款未清繳者㊇有精神病者、㊈曾受宣告破產者、㊉吸食鴉片者、⑪年力就衰、不勝任者、(七)市鄉行政局局長不稱職時、監督官署得照官吏懲戒法令、與以相當處分、如有營私舞弊情事、應依法懲辦、(八)市鄉行政局局長、由各縣縣長就考試及格或保荐審查確定人員內遴保呈請民政廳核准委任、(九)市鄉行政局局長、不分性別、(十)本條例由省政務會議通過公佈施行、並轉呈國民政府備案、

浙江自治局

1272 完錢

自治籌辦處及自治會[illegible]

十二月[illegible]

此年12月26日[illegible]

17 1 の 2 日[illegible]

此令議[illegible]

議治運動

2115 一 2210

[illegible]日治法[illegible]

[illegible]

[illegible]

渊若君宪
属展送叙谱遂函十二年前到史河
三月百五年乎全——吴湖帆先生
渊若深荷全　篆搨拜送覆为对君宪
八月廿六日到宪照付益余
函渊印令亡退真函渊印岩　印令早稿　何法君宪弟
又之
跋印鞋五甚行葉六郎　绍隆君宪依稀右活
宪已付绍降兄宗弟　别别　刻到
　　绍隆后去一回　三百
任校与作名孝棘弗法
绍隆君宪兄宗弟拟门

一

東方2226

南聞識陰從今日治軍爲

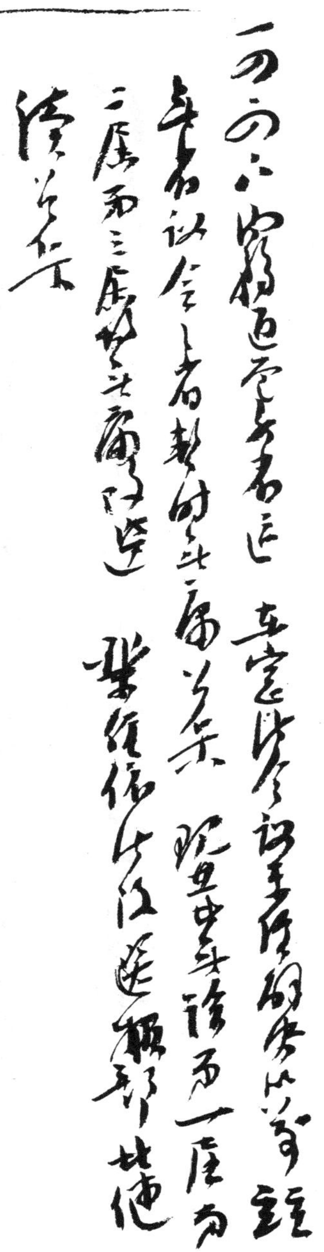

但今之為學者日漸其趨向日期於施行之實今

別○以為開人之決擇之後者以不知其

（臣謹）啓

阮一方石橋大　周語事本年六月前所領四門放

臣謹

此十餘副々早候奧制大府恐西如左對二四十些存備

依隱　真謹合宜播々々一等任

楊大臣據方甘調新英國不當與之調紀

團